Otto Julius Bierbaum, Peter Behrens

Der bunte Vogel von 1899

Ein Kalenderbuch

Otto Julius Bierbaum, Peter Behrens

Der bunte Vogel von 1899
Ein Kalenderbuch

ISBN/EAN: 9783743496354

Hergestellt in Europa, USA, Kanada, Australien, Japan

Cover: Foto ©Andreas Hilbeck / pixelio.de

Manufactured and distributed by brebook publishing software (www.brebook.com)

Otto Julius Bierbaum, Peter Behrens

Der bunte Vogel von 1899

Der
Bunte Vogel
von 1899 ee Ein Kalenderbuch
von Otto Julius Bierbaum mit
Buchschmuck von Peter Behrens
ee Bei Schuster & Loeffler in
Berlin und Leipzig eeeeeee

Bücher von Otto Julius Bierbaum

Romane: Pankrazius Graunzer ⁓ Stilpe ⁓ Die Schlangendame ⁓ ⁓ ⁓ ⁓ ⁓ ⁓ ⁓ ⁓ ⁓

Novellen: Studentenbeichten I. Reihe ⁓ Studentenbeichten II. Reihe ⁓ Kaktus und andre Künstlergeschichten

Lyrik: Nemt Frouwe disen Kranz ⁓ Erlebte Gedichte

Theater: Lobetanz ⁓ ⁓ ⁓ ⁓ ⁓ ⁓ ⁓

Kalenderbuch: Der Bunte Vogel von 1897 ⁓ Der Bunte Vogel von 1899 ⁓ ⁓ ⁓ ⁓ ⁓ ⁓ ⁓

Anthologie: Moderner Musen-Almanach 1893 ⁓ Moderner Musen-Almanach 1894 ⁓ ⁓ ⁓ ⁓ ⁓

⁓ Alle Bücher außer der Lyrik im Verlage von ⁓

Schuster & Loeffler in Berlin u. Leipzig

DER BUNTE VOGEL von 1899

Der Bunte Vogel von 1899

ist in folgenden Ausgaben hergestellt:

1300 Stück auf Maschinen-Bütten . . . . Mark 6,—

  15 Stück auf deutschem Handpapier . . Mark 10,—

  10 Stück auf holländischem Handpapier Mark 12,—

   5 Stück auf kaiserl. japanischem Papier Mark 30,—

Die Vorzugsexemplare sind numeriert

Der Bunte Vogel von Achtzehn=
hundertundneunundneunzig ꝏꝏ
Ein Kalenderbuch von Otto
Julius Bierbaum ꝏꝏ Mit Buch=
schmuck von Peter Behrens ꝏꝏ Im
Verlage von Schuster & Loeffler
ꝏꝏ in Berlin und Leipzig ꝏꝏ

Dem lieben Hause
Hans Thoma
in herzlicher Verehrung
und
dem Gedächtnisse
unseres lieben
Otto Eiser

Im Hause Thoma.

Stiller Heiterkeit ein Glanz,
Leisen Glückes leiser Tanz,
    Schaffens frohe Kraft,
Heitrer Liebe stille Hut,
Schalkheit auch, das Kleinod gut,
    Und die Meisterschaft.

Alles dies in einem Haus,
Keiner ging noch aus ihm aus,
    Der das Glück nicht pries,
Das ihn hier in engem Raum
Einen guten klaren Traum
    Leibhaft sehen ließ.

Januar oder Wintermonat.

Tag	Proteſtantiſche Tagesnamen	Katholiſche Tagesnamen	☾ Lauf	Himmels- erſcheinungen	Mond- wechſel
1 S	Neujahr	Neujahr	♈	Den	
2 M	Abel, Seth	Makarius	♈	5. Januar	
3 D	Enoch	Genoveva	♈	♀ im größt.	☾
4 M	Iſabella	Titus	♒	Glanz; den	
5 D	Simeon	Telesphorus	♒	6. Januar	den
6 F	Heil. 3 Kön.	Heil. 3 Kön.	♒	☾♃; den	5. Januar
7 S	Julian	Lucian	♓	9. Januar	4 U. 22 M.
				☾♀, ☾♄; den	vorm.
8 S	1. n. Epiph.	1. n. Epiph.	♓	10. Januar	
9 M	Beatus	Julian	♓	☾♀; den	
10 D	Paul, E.	Agathon	♓	11. Januar	
11 M	Hyginus	Hyginus	♌	unſichtbare	den
12 D	Reinhold	Arkadius	♌	Sonnen-	11. Januar
13 F	Hilarius	Gottfried	♌	finſternis,	11 U. 50 M.
14 S	Felix	Felix	♌	♀ gr. weſtl.	nachm.
				Ausw.,	
				☾♌; den	
15 S	2. n. Epiph.	2. n. Epiph.	♒	12. Januar	☾
16 M	Marcellus	Marcellus	♒	☾ i. Erdn.;	
17 D	Antonius	Antonius	♉	den	den
18 M	Krön.-T.	Krön.-T.	♉	18. Januar	18. Januar
19 D	Ferdinand	Kanut	♍	☍⊙; den	5 U. 36 M.
20 F	Fab. Sebaſt.	Fab. Sebaſt.	♍	20. Januar	nachm.
21 S	Agnes	Agnes	♍	⊙ in ♌;	

3
Januar oder Wintermonat.

Tag	Protestantische Tagesnamen	Katholische Tagesnamen	☾ Lauf	Himmels- erscheinungen	Mond- wechsel
22 S	3. n. Epiph.	3. n. Epiph.	♊		
23 M	Emerentiana	Emerentiana	♊	den	
24 D	Timotheus	Timotheus	♋	22. Januar	
25 M	Pauli Bek.	Pauli Bek.	♋	☾V; den	
26 D	Polykarpus	Polykarpus	♋	25. Januar	
27 F	Kaif. Geb.	Kaif. Geb.	♌	☾ i. Erdf.;	
28 S	Karl	Karl d. G.	♌	den	
29 S	Septuagesimä	Septuagesimä	♐	26. Januar	
30 M	Adelgunde	Martina	♐	☾δ; den	
31 D	Virgil	Petrus N.	♐	29. Januar	

Himmelserscheinungen: den 22. Januar ☾V; den 25. Januar ☾ i. Erdf.; den 26. Januar ☾δ; den 29. Januar 4☐☉.

Mondwechsel:  den 26. Jan. 8U. 34M. nachm.

Februar oder Hornung.

Tag	Protestantische Tagesnamen	Katholische Tagesnamen	☾ Lauf	Himmelserscheinungen	Mondwechsel
1 M	Brigitta	Ignatius	♒	Den	
2 D	Mar. R. L.	Mar. R. L.	♒	3. Februar	
3 F	Blasius	Blasius	♓	☾♃;	
4 S	Veronika	Andreas Corf.	♓	den 6. Februar	☾
5 S	Sexagesimä	Sexagesimä	♈	☾♄;	den
6 M	Dorothea	Dorothea	♈	den	3. Februar
7 D	Richard	Romuald	♉	7. Februar	6 U. 25 M.
8 M	Salomon	J. v. Matha	♉	☾♌, ☾♂;	nachm.
9 D	Apollonia	Apollonia	♊	den 9. Februar	
10 F	Scholastika	Scholastika	♊	☾ i. Erdn.,	
11 S	Euphrosina	Desiderius	♋	☾☿; den	den
12 S	Estomihi	Quinquages.	♋	10. Februar	10. Febr.
13 M	Benignus	Benignus	♌	♀ gr. westl.	10 U. 32 M.
14 D	Valentin	Fastnacht	♌	Ausw.;	vorm.
15 M	Faustinus	Aschermittw.	♍	den 18. Februar	
16 D	Juliana	Juliana	♍	☉ i. ♓;	
17 F	Konstantia	Donatus	♍	den	
18 S	Konkordia	Simeon	♎	20. Februar ☾♄;	den 17. Febr.
19 S	I. Invocavit	I. Invocavit	♎	den	9 U. 52 M.
20 M	Eucherius	Eleuther.	♏	21. Februar	vorm.
21 D	Eleonora	Eleonora	♏	☾♂;	

Februar oder Hornung.

Tag	Proteſtantiſche Tagesnamen	Katholiſche Tagesnamen	☾ Lauf	Himmels- erſcheinungen	Mond- wechſel
22 M	Petr. Stf.	Quatember †	⚡	den 22. Februar ☾ i. Erdf.; den 26. Februar ☽□☉; den 27. Februar obere ☌☿☉.	
23 D	Reinhard	Severus			
24 F	Matthias	Matthias			
25 S	Viktorin	Walburga			
26 S	2. Remin.	2. Remin.			den 25. Febr. 3U. 16M. nachm.
27 M	Leander	Leander			
28 D	Juſtus	Romanus			

März oder Frühlingsmonat.

Tag	Protestantische Tagesnamen	Katholische Tagesnamen	☾ Lauf	Himmels-erscheinungen	Mond-wechsel
1 M	Albinus	Albinus	♒	Den	
2 D	Luise	Simplicius	♓	2. März	
3 F	Kunigunde	Kunigunde	♓	☾ ♃; den	
4 S	Adrian	Kasimir	♓	5. März	
				☾ ♄; den	
5 S	3. Oculi	3. Oculi	♈	6. März	den
6 M	Fridolin	Viktor	♈	☾ ☊; den	5. März
7 D	Felicitas	Thom. v. A.	♈	8. März	5 U. 7 M.
8 M	Philemon	Mittfasten	♈	☾ ♀; den	vorm.
9 D	Prudentius	Franziska	♈	9. März	
10 F	Henriette	40 Märtyrer	♈	☾ i. Erdn.;	
11 S	Rosina	Eulogius	♊	den	den
				12. März	
12 S	4. Lätare	4. Lätare	♊	☾ ☿; den	11. März
13 M	Ernst	Euphrasia	♋	14. März	8 U. 53 M.
14 D	Zacharias	Mathilde	♋	♄ □ ⊙;	nachm.
15 M	Christoph	Longinus	♌	den	
16 D	Cyriakus	Heribert	♌	19. März	
17 F	Gertrud	Gertrud	♍	☾ ♅; den	
18 S	Anselm	Cyrillus	♍	20. März	den
				⊙ i. ♈,	19. März
19 S	5. Judica	Judica, Jos.	♍	Frühl.Anf.,	4 U. 24 M.
20 M	Hubert	Joachim	♓	Tag. und	vorm.
21 D	Benedikt	Benedikt	♓	Nacht	
				gleich;	

März oder Frühlingsmonat.

Tag	Protestantische Tagesnamen	Katholische Tagesnamen	☽ Lauf	Himmels- erscheinungen	Mond- wechsel
22 M	Kasimir	Oktavian	♒		
23 D	Eberhard	Otto	♒	den	
24 F	Gabriel	Gabriel	♒	21. März	
25 S	Mariä Verk.	Mariä Verk.	♓	☽ i. Erdf., ☽☌; den	
26 S	6. Palmarum	6. Palmarum	♓	25. März ☿ gr. östl.	den
27 M	Rupert	Rupert	♒	Ausw.,	27. März
28 D	Malchus	Guntram	♒	den	7 U. 19 M.
29 M	Eustasius	Eustasius	♒	29. März	vorm.
30 D	Gründonn.	Gründonn.	♏	☽ ☍.	
31 F	Charfreitag	Charfreitag	♏		

April oder Ostermonat.

Tag	Proteſtantiſche Tagesnamen	Katholiſche Tagesnamen	☾ Lauf	Himmels- erſcheinungen	Mond- wechſel
1 S	Theodora	Hugo			
2 S	Oſterfeſt	Oſterfeſt		Den	🌙
3 M	Oſtermontag	Oſtermontag		2. April	
4 D	Ambroſius	Iſidor		☾♌, ☾♄;	
5 M	Maximus	Vinc. Fer.		den	den
6 D	Irenäus	Côleſtin		6. April	3. April
7 F	Côleſtin	Hermann		☾ i. Erdn.;	0 U. 56 M.
8 S	Liborius	Albert		den	nachm.
9 S	1. Quaſimodo	1. Quaſimodo		7. April ☾♀; den	
10 M	Daniel	Ezechiel		10. April	
11 D	Hermann	Leo d. Große		☾☿; den	den
12 M	Julius	Julius		12. April	10. April
13 D	Juſtinus	Hermenegild		untere ☌☿☉; den	7 U. 21 M. vorm.
14 F	Tiburtius	Tiburtius		15. April	
15 S	Olympiades	Anaſtaſia		☾☿; den	
16 S	2. Miſ. D.	2. Miſ. D.		18. April ☾ i. Erdf.,	
17 M	Rudolf	Anicet		☾♂; den	den
18 D	Florentin	Eleuther		20. April	17. April
19 M	Hermogenes	Werner		☉ i. ♒;	11 U. 43 M.
20 D	Sulpitius	Viktor			nachm.
21 F	Adolf	Anſelm			

April oder Ostermonat.

Tag	Protestantische Tagesnamen	Katholische Tagesnamen	☾ Lauf	Himmelserscheinungen	Mondwechsel
22 S	Sother	Soterus	♏		
23 S	3. Jubilate	3. Jubilate	♏	den 23. April ☌ ☐ ☉;	
24 M	Albert	Adalbert	♐		
25 D	Markus Ev.	Markus Ev.	♐	den 25. April	
26 M	Kletus	Kletus	♑	4 8 ☉, ☾ 4;	den 25. April
27 D	Anastasius	Anastasius	♑	den	8 U. 22 M.
28 F	Therese	Vitalis	♒	29. April	nachm.
29 S	Sybilla	Petrus M.	♒	☾ ♌, ☾ ♄.	
30 S	4. Cantate	4. Cantate	♌		

Mai oder Wonnemonat.

Tag	Protestantische Tagesnamen	Katholische Tagesnamen	☾ Lauf	Himmels-erscheinungen	Mond-wechsel
1 M	Phil. Jac.	Phil. Jac.			
2 D	Sigismund	Athanasius			den 2. Mai
3 M	†Erfindung	†Erfindung		Den	6 U. 47 M.
4 D	Florian	Monika		1. Mai	nachm.
5 F	Gotthard	Pius V.		☾ i. Erdn.;	
6 S	Dietrich	Joh. v. P.		den 7. Mai	
7 S	5. Rogate	5. Rogate		☾♀, ☾☿;	
8 M	Stanislaus	Michael E.		den	den
9 D	Hiob	Greg. v. N.		10. Mai	9. Mai
10 M	Gordian	Antonius		☿ gr. westl.	6 U. 39 M.
11 D	Chr. Himm.	Chr. Himm.		Ausw.;	nachm.
12 F	Pankratius	Pankratius		den	
13 S	Servatius	Servatius		12. Mai	
14 S	6. Exaudi	6. Exaudi		☾☿;	den
15 M	Sophia	Sophia		den	17. Mai
16 D	Peregrin	Joh. v. Nep.		16. Mai	6 U. 13 M.
17 M	Jodokus	Ubaldus		☾ i. Erdf.,	nachm.
18 D	Liborius	Venantius		☾☿;	
19 F	Sara	Petr. Côl.		den	
20 S	Anastasius	Bernardin		21. Mai	den
21 S	Pfingstfest	Pfingstfest		☉ i. ♊;	25. Mai
					6 U. 49 M.
					vorm.

Mai oder Wonnemonat.

Tag	Protestantische Tagesnamen	Katholische Tagesnamen	☾ Lauf	Himmels-erscheinungen	Mond-wechsel
22 M	Pfingstmont.	Pfingstmont.	♐	den	
23 D	Desiderius	Desiderius	♑	23. Mai	
24 M	Esther	Quatember †	♑	☾ ♃; den	
25 D	Urban	Urban	♒	26. Mai	☾
26 F	Eduard	Philipp Neri	♒	☾ ♄;	
27 S	Ludolf	Beda	♒	den	
				27. Mai	den
				☾ ♌, ♂♀☉;	31. Mai
28 S	Trinitatis	I. n. Pfingst.	♌	den	11 U. 55 M.
29 M	Maximin	Maximus	♌	28. Mai	nachm.
30 D	Wigand	Felix	♍	☾ in	
31 M	Petronilla	Petronilla	♍	Erdnähe.	

Juni oder Brachmonat.

Tag	Protestantische Tagesnamen	Katholische Tagesnamen	☾ Lauf	Himmels-erscheinungen	Mond-wechsel
1 D	Nikodemus	Fronleichnam	♒	Den	
2 F	Marcellinus	Erasmus	♒	6. Juni	
3 S	Erasmus	Klotildis	♓	☾♀; den	
4 S	1. n. Trinit.	2. n. Pfingst.	♓	7. Juni ☾♂; den	
5 M	Bonifazius	Bonifazius	♈	8. Juni	den
6 D	Benignus	Norbert	♈	sichtbare	8. Juni
7 M	Lukretia	Robert	♉	Sonnen-	7 U. 21 M.
8 D	Medardus	Medardus	♉	finsternis;	vorm.
9 F	Barnim	Felician	♉	den 9. Juni	
10 S	Onuphrius	Margarete	♊	☾♂; den	
11 S	2. n. Trinit.	3. n. Pfingst.	♊	11. Juni ♄☍☉; den	den
12 M	Klaudina	Basilides	♋	13. Juni	16. Juni
13 D	Tobias	Anton v. Pad.	♋	☾ i. Erdf.,	10 U. 47 M.
14 M	Modestus	Basilius	♋	den 14. Juni	vorm.
15 D	Vitus	Vitus	♌	☾☌, ob.	
16 F	Justina	Benno	♌	♂☿☉; den	
17 S	Volkmar	Adolf	♎	19. Juni ☾♃; den	
18 S	3. n. Trinit.	4. n. Pfingst.	♎	21. Juni	den
19 M	Gervasius	Gervasius	♎	☉ i. ♋,	23. Juni
20 D	Sylverius	Sylverius	♏	Sommers	3 U. 20 M.
21 M	Albanus	Aloysius	♏	Anfang, längst. Tag;	nachm.

Juni oder Brachmonat.

Tag	Protestantische Tagesnamen	Katholische Tagesnamen	ℂ Lauf	Himmels- erscheinungen	Mond- wechsel
22 D	Achatius	Paulinus	♉		
23 F	Basilius	Edeltrud	♉	den	
24 S	Johannes d.T.	Johannes d.T.	♊	22. Juni ℂ ♄;	
25 S	4. n. Trinit.	5. n. Pfingst.	♊	den	
26 M	Jeremias	Joh. u. P.	♋	23. Juni	den
27 D	7 Schläfer	Ladislaus	♋	unsichtbare	30. Juni
28 M	Leo II., Papst	Leo II., Papst	♌	Mond-	5 U. 45 M.
29 D	Peter, Paul	Peter, Paul	♌	finsternis,	vorm.
30 F	Pauli Ged.	Pauli Ged.	♍	ℂ ♌.	

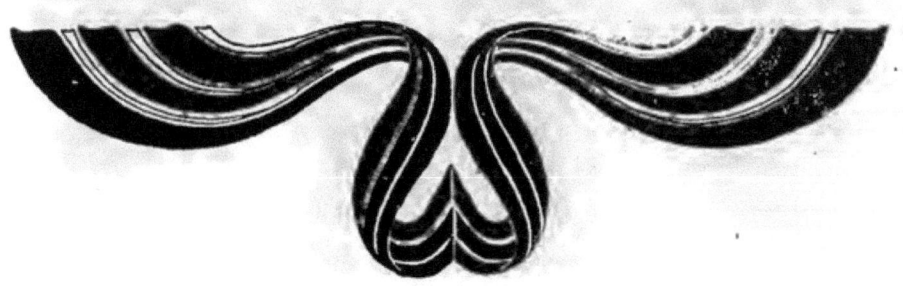

Juli oder Heumonat.

Tag	Protestantische Tagesnamen	Katholische Tagesnamen	☾ Lauf	Himmels- erscheinungen	Mond- wechsel
1 S	Theobald	Theobald			
2 S	5. n. Trinit.	6. n. Pfingst.			
3 M	Kornelius	Hyacinth		Den	
4 D	Ulrich	Ulrich		4. Juli	
5 M	Anselm	Numerian		☉ i. Erdf.;	den
6 D	Jesaias	Jesaias		den	7. Juli
7 F	Wilibald	Wilibald		6. Juli	9 U. 32 M.
8 S	Kilian	Kilian		☾ ♉, ☾ ♀;	nachm.
9 S	6. n. Trinit.	7. n. Pfingst.		den	
10 M	7 Brüder	7 Brüder		10. Juli	
11 D	Pius	Pius		☾ i. Erdf.,	den
12 M	Heinrich	Joh. Gualb.		☾ ☿; den	16. Juli
13 D	Margaretha	Margaretha		13. Juli	0 U. 59 M.
14 F	Bonaventura	Bonaventura		☾ ♂, ☾ ♃;	vorm.
15 S	Apostel Teil.	Apostel Teil.		den	
16 S	7. n. Trinit.	8. n. Pfingst.		20. Juli	
17 M	Alexius	Alexius		☾ ♌, ☾ ♄;	
18 D	Rosina	Friedrich		den	den
19 M	Rufina	Vinzenz		22. Juli	22. Juli
20 D	Elias	Elias		☿ gr. östl.	10 U. 42 M.
21 F	Daniel	Praxedes		Ausw.;	nachm.

Juli oder Heumonat.

Tag	Protestantische Tagesnamen	Katholische Tagesnamen	☽ Lauf	Himmelserscheinungen	Mond-wechsel
22 S	Maria Mgd.	Maria Mgd.			
23 S	8. n. Trinit.	9. n. Pfingst.		den 23. Juli ⊙ i. ♌, Anfang d. Hundst., ☾ i. Erdn.; den 24. Juli 4 □ ⊙.	
24 M	Christine	Christine			den 29. Juli I U. 43 M. nachm.
25 D	Jakobus	Jakobus			
26 M	Anna	Anna			
27 D	Martha	Pantaleon			
28 F	Innocenz	Innocenz			
29 S	Beatrix	Martha			
30 S	9. n. Trinit.	10. n. Pfingst.			
31 M	Germanus	Ignatz Loyola			

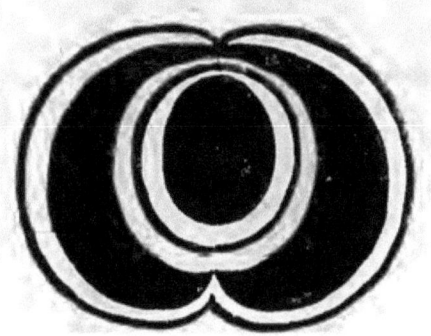

August oder Erntemonat.

Tag	Protestantische Tagesnamen	Katholische Tagesnamen	☾ Lauf	Himmels- erscheinungen	Mond- wechsel
1 D	Petri Kettenf.	Petri Kettenf.	♒	Den	
2 M	Gustav	Portiunkula	♒	2. August	
3 D	August	Steph. Erf.	♓	☾♅; den	
4 F	Dominikus	Dominikus	♓	5. August	
5 S	Oswald	Maria Sch.	♓	☾♀; den	den
6 S	10. n. Trinit.	11. n. Pfingst.	♈	6. August ☾ i. Erdf.;	6. August 0 U. 48 M. nachm.
7 M	Donatus	Kajetan	♈	den	
8 D	Cyriakus	Cyriakus	♉	8. August	
9 M	Romanus	Romanus	♉	☾☿; den	
10 D	Laurentius	Laurentius	♉	10. August ☾♂; den	
11 F	Hermann	Tiburtius	♊	13. August	den
12 S	Klara	Klara	♊	☾♃; den	14. August 0 U. 54 M. nachm.
13 S	11. n. Trinit.	12. n. Pfingst.	♋	16. August ☾♄; den	
14 M	Eusebius	Eusebius	♋	17. August	
15 D	M. Himmelf.	M. Himmelf.	♋	☾♅; den	
16 M	Isaak	Rochus	♌	19. August	
17 D	Bertram	Liberatus	♌	untere	den
18 F	Emilia	Helena	♍	☌☿☉;	21. August
19 S	Sebald	Sebald	♍	den 20. August	5 U. 45 M. vorm.
20 S	12. n. Trinit.	13. n. Pfingst.	♎	☾ i. Erdn.;	
21 M	Hartwig	Anastasius	♎		

August oder Erntemonat.

Tag	Proteſtantiſche Tagesnamen	Katholiſche Tagesnamen	☽ Lauf	Himmels-erſcheinungen	Mond-wechſel
22 D	Oswald	Timotheus	♒	den	
23 M	Zachäus	Phil. Benit.	♒	23. Auguſt	
24 D	Bartholom.	Bartholom.	♓	☉ i. ♏,	
25 F	Ludwig	Ludwig	♓	Ende	
26 S	Samuel	Zephyrin	♓	d. Hundst.;	
27 S	13. n. Trinit.	14. n. Pfingſt.	♈	den 27. Auguſt	den 28. Auguſt
28 M	Auguſtin	Auguſtin	♈	☌ ☐ ☉;	o U. 57 M.
29 D	Joh. Enth.	Joh. Enth.	♈	den	vorm.
30 M	Benjamin	Roſa	♈	29. Auguſt	
31 D	Paulinus	Raimund	♋	☽ V.	

September oder Herbſtmonat.

Tag	Proteſtantiſche Tagesnamen	Katholiſche Tagesnamen	☾ Lauf	Himmels- erſcheinungen	Mond- wechſel
1 F	Aegidius	Aegidius		Den	
2 S	Abſalon	Stephan		3. Septbr.	
3 S	14. n. Trinit.	15. n. Pfingſt.		☾ i. Erdf.,	
4 M	Moſes	Roſalia		☾☿; den 5. Septbr.	
5 D	Herkules	Laurent.		☾♀, ☿	den
6 M	Magnus	Magnus		gr. weſtl.	5. Sept.
7 D	Regina	Regina		Ausw.; den	4 U. 33 M.
8 F	Mariä Geburt	Mariä Geburt		8. Septbr.	vorm.
9 S	Bruno	Gorgon		☾☌; den 9. Septbr.	
10 S	15. n. Trinit.	16. n. Pfingſt.		☾♃; den	
11 M	Gerhard	Protus		10. Septbr.	den
12 D	Ottilie	Guido		♄□☉;	12. Sept.
13 M	Chriſtlieb	Maternus		den	10 U. 49 M.
14 D	Kreuz-Erh.	Kreuz-Erh.		12. Septbr.	nachm.
15 F	Nikomedes	Nikomedes		☾♄; den	
16 S	Euphemia	Kornelius		13. Septbr.	
17 S	16. n. Trinit.	17. n. Pfingſt.		☾☍; den	den
18 M	Siegfried	Thomas v. B.		16. Septbr.	19. Sept.
19 D	Januarius	Januarius		ob. ☌♀☉;	1 U. 31 M.
20 M	Fauſta	Quatember †		den	nachm.
21 D	Matthäus Ev.	Matthäus Ev.		18. Septbr. ☾ i. Erdn.;	

September oder Herbstmonat.

Tag	Protestantische Tagesnamen	Katholische Tagesnamen	☾ Lauf	Himmels-erscheinungen	Mond-wechsel
22 F	Moriz	Moriz		den 23. Septbr. ☉ i. ♎, Herbstes Anfang, Tag und Nacht gleich; den 25. Septbr. ☾V; den 30. Septbr. ☾ in Erdferne.	
23 S	Hoseas	Thekla			
24 S	17. n. Trinit.	18. n. Pfingst.			den 26. Sept. 4 U. 3 M. nachm.
25 M	Kleophas	Kleophas			
26 D	Cyprian	Cyprian			
27 M	Kosmas D.	Kosmas D.			
28 D	Wenzeslaus	Wenzeslaus			
29 F	Michaelis	Michaelis			
30 S	Hieronymus	Hieronymus			

Oktober oder Weinmonat.

Tag	Protestantische Tagesnamen	Katholische Tagesnamen	☽ Lauf	Himmels- erscheinungen	Mond- wechsel
1 S	18. Ernte-Fest	19. Ernte-Fest	♒		
2 M	Vollrad	Leodegar	♓	Den	
3 D	Ewald	Kandidus	♓	1. Oktober	●
4 M	Franz	Franz	♈	ob. ☽☌☉;	
5 D	Fides	Placidus	♈	den	den
6 F	Charitas	Bruno	♈	5. Oktober	4. Oktober
7 S	Spes	Markus P.	♉	☽☿, ☽♀;	8 U. 14 M.
8 S	19. n. Trinit.	20. n. Pfingst.	♉	den	nachm.
9 M	Dionysius	Dionysius	♊	7. Oktober	
10 D	Gideon	Franz Borgia	♊	den	☾
11 M	Burchard	Burchard	♋	10. Oktober	
12 D	Maximilian	Maximilian	♋	☽♉, ☽♄,	den
13 F	Koloman	Eduard	♌	☿♀; den	12. Oktbr.
14 S	Kalixtus	Kalixtus	♌	11. Oktober	7 U. 10 M.
15 S	20. n. Trinit.	21. n. Pfingst.	♌	☌♃; den	vorm.
16 M	Gallus	Gallus	♍	16. Oktober	
17 D	Florentin	Hedwig	♍	☽ i. Erdn.;	○
18 M	Lukas	Lukas	♎	den	
19 D	Ptolemäus	Pet. v. Alc.	♎	23. Oktober	den
20 F	Wendelin	Wendelin	♏	☉ i. ♏,	18. Oktbr.
21 S	Ursula	Ursula	♏	☽♉; den	11 U. 5 M.

Oktober oder Weinmonat.

Tag	Protestantische Tagesnamen	Katholische Tagesnamen	☾ Lauf	Himmelserscheinungen	Mondwechsel
22 S	21. n. Trinit.	22. n. Pfingst.	♈		
23 M	Severin	Joh. v. C.	♈	den	
24 D	Salome	Raphael	♓	26. Oktober	
25 M	Adelheid	Krispinus	♓	♀ α ♄;	
26 D	Amandus	Evaristus	♓	den	
27 F	Sabina	Sabina	♑	28. Oktober	den
28 S	Simon, Juda	Simon, Juda	♑	☾ i. Erdf.;	26. Oktbr.
				den	10U. 40M.
29 S	22. n. Trinit.	23. n. Pfingst.	♐	30. Oktober	vorm.
30 M	Hartmann	Serapion	♐	♀ ♃.	
31 D	Wolfgang	Wolfgang	♐		

November oder Windmonat.

Tag	Protestantische Tagesnamen	Katholische Tagesnamen	☾ Lauf	Himmels- erscheinungen	Mond- wechsel
1 M	Aller Heiligen	Aller Heiligen	♒	Den	
2 D	Aller Seelen	Aller Seelen	♒	4. Nov.	
3 F	Gottlieb	Hubert		☾ ♃, ☿☿,	
4 S	Charlotte	Karl Bor.		☾♀; den	
				5. Nov.	den
5 S	23. Ref. Fest	24. n. Pfingst.		☾♂, ☾♄;	3. Nov.
6 M	Leonhard	Leonhard		d. 6. Nov.	11 U. 27 M.
7 D	Erdmann	Engelbert		☾♌, ☾♄;	vorm.
8 M	Gottfried	4 gekr. Märt.		d. 9. Nov.	
9 D	Theodor	Theodor		☿♂; den	
10 F	Mart. Luther	Andreas Av.		12. Nov.	
11 S	Martin	Martin B.		☾ i. Erdn.;	den
				d. 13. Nov.	10. Nov.
12 S	24. n. Trinit.	25. n. Pfingst.		♂♃☉, ☿♂;	2 U. 35 M.
13 M	Eugen	Stanislaus		den 14. Nov.	nachm.
14 D	Levinus	Jukundus		♀♂; den	
15 M	Leopold	Leopold		16. Nov.	
16 D	Ottomar	Edmund		♀♂, ☿	
17 F	Hugo	Gregor Th.		gr. östl.	den
18 S	Otto, Eugen	Otto, Eugen		Ausw.;	17. Nov.
				den	11 U. 19 M.
19 S	25. n. Trinit.	26. n. Pfingst.		19. Nov.	vorm.
20 M	Edmund	Felix		☾♄; den	
21 D	Mariä Opfer	Mariä Opfer		22. Nov.	
				☉ i. ♐;	

November oder Windmonat.

Tag	Protestantische Tagesnamen	Katholische Tagesnamen	☾ Lauf	Himmels-erscheinungen	Mond-wechsel
22 M	Buß=u. Bettag	Buß=u. Bettag	♒	den	
23 D	Klemens	Klemens	♓	25. Nov.	
24 F	Chrysogonus	Thrysogonus	♓	☾ i. Erdf.;	
25 S	Katharina	Katharina	♓	den	
				26. Nov.	
26 S	26. Totenfest	27. Totenfest	♈	☿♀; den	den
27 M	Otto	Virgilius	♈	27. Nov.	25. Nov.
28 D	Günther	Sosthenes	♉	♀♄;	7 U. 35 M.
29 M	Noah	Saturnin	♉	den	vorm.
30 D	Andreas	Andreas	♊	30. Nov.	
				☌♄☉, ☿☌.	

Dezember oder Chriſtmonat.

Tag	Proteſtantiſche Tagesnamen	Katholiſche Tagesnamen	☾ Lauf	Himmels⸗ erſcheinungen	Mond⸗ wechſel
1 F	Arnold	Eligius		Den 1. Dez.	
2 S	Kandidus	Bibiana		☾ 4; den	
3 S	1. Advent	1. Advent		2. Dezbr. unſichtbare	
4 M	Barbara	Barbara		Sonnen⸗	
5 D	Abigail	Sabbas		finſternis;	den
6 M	Nikolaus	Nikolaus		d. 3. Dez.	3. Dez.
7 D	Antonia	Ambroſius		☾ ♈, ☾ ♉,	1 U. 48 M.
8 F	Mar. Empf.	Mar. Empf.		☾ ♂; den	vorm.
9 S	Joachim	Leokadia		4. Dezbr.	
10 S	2. Advent	2. Advent		☾ ♄, ☾ ♀;	
11 M	Waldemar	Damaſus		den 6. Dez.	den
12 D	Epimachus	Epimachus		untere ☿ ☉ den	9. Dez.
13 M	Lucia	Lucia		7. Dez. ☾ i.	10 U. 3 M.
14 D	Israel	Nikaſius		Erdn., ♂ ♄;	nachm.
15 F	Johanna	Euſebius		d. 10. Dez.	
16 S	Ananias	Adelheid		☿ ♂; den 16. Dez. ☾ ♉;	
17 S	3. Advent	3. Advent		d. 17. Dez. ſichtbare	den
18 M	Chriſtoph	Mariä Erw.		Mond⸗	17. Dez.
19 D	Manaſſe	Nemeſius		finſternis;	2 U. 31 M.
20 M	Abraham	Quatember †		d. 18. Dez.	vorm.
21 D	Thomas A.	Thomas		♂ ☉;	

Dezember oder Christmonat.

Tag	Proteſtantiſche Tagesnamen	Katholiſche Tagesnamen	☾ Lauf	Himmels-erſcheinungen	Mond-wechſel
22 F	Beata	Flavian	♌	d. 22. Dez.	
23 S	Dagobert	Viktoria	♐	☉ i. ♑, Wint. Anf.,	
24 S	4. Advent	4. Advent	♐	kürzeſt.Tag, ☾ i. Erdf.;	
25 M	Chriſtfeſt	Chriſtfeſt	♒	d. 23. Dez.	
26 D	Stephan	Stephan	♒	☿☉; den	den
27 M	Joh. Evang.	Joh. Evang.	♒	25. Dezbr. ☿ gr. weſtl.	25. Dez.
28 D	Unſch. Kindl.	Unſch. Kindl.	♓	Ausw.; den	4 U. 58 M.
29 F	Jonathan	Thomas B.	♓	29.Dez. ☾♃;	vorm.
30 S	David	David	♈	d. 30.Dez. ☾☿; den	
31 S	S. n. Chr.	S. n. Chr.	♈	31. Dez. ☾♌, ☾♄.	

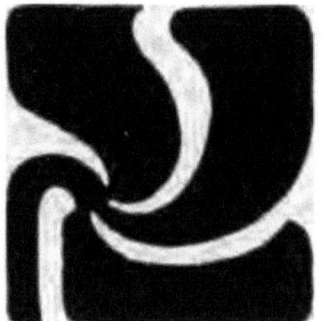

Nach einem Besuche.

Kürzlich besuchte mich ein berühmter alter Herr. Es scheint, daß er nicht eigentlich mich besuchen, sondern nur meinen Garten ansehen wollte, der wirklich eine kleine Sehenswürdigkeit ist, weil er zwischen den Mauern eines alten Kastells liegt. Aber, nun, als er in meinem Garten war, wollte er auch höflich sein und nicht gleich wieder fortgehen. Er betrat also, wie es im alten Stile heißt, „meine Schwelle". Und siehe, da geschah etwas Sonderbares mit dem alten Herrn. Er hatte anfangs ein etwas muffiges Gesicht gemacht, so ein Gesicht, von dem man eine gewisse Angst lesen konnte: Herr des Himmels, was steht mir bevor! Aber kaum hatte er sich in meinem Zimmer umgesehen, da hellte sich das Gesicht auf, und es sahen mich zwei Augen mit einem Blicke der Erleichterung an.

„Wie! Sie haben Lithographieen von Thoma an den Wänden! Und in Goethes Gesprächen lesen Sie! Und das da! „Eduards Traum" von Wilhelm Busch! Ja, ich denke, Sie sind ein Moderner!"

Ich begriff den alten Herrn nicht gleich. Warum wollte er mich zum Besten halten! Weshalb gab er mir

Rätsel auf? Oder . . . meinte er wirklich . . .?

ΛΛ Ja, er meinte. wirklich. Er meinte wirklich, ein „Moderner" könne an solchen Büchern, an solchen Bildern doch eigentlich keinen Geschmack finden. Er dachte, ein „Moderner" läse unausgesetzt Gerhart Hauptmanns Dramen und fände sein künstlerisches Genüge an Max Liebermann.

ΛΛ Es fehlte nicht viel, und ich hätte eine laute Rede gehalten. Aber zum Glück verstanden wir uns bald. Und wir verstanden uns so gut, daß wir ganz vergnügt wurden.

ΛΛ „Das ist ja himmlisch!" rief der alte Herr einmal übers andere aus, „die Jungen sind keine Wilden. Wir beten ja zu denselben Göttern! Ihr habt allerdings ein paar mehr als wir. Aber das ist bloß natürlich. Denn, daß diese überproduktive Zeit auch einige neue Götter schafft, ist nicht verwunderlich. Aber im Grunde, im Grunde können wir in demselben Tempel opfern. Ich hatte gedacht, ihr haltet alles, was uns heilig ist, für Kehricht und betet bloß die Besen an, die den wegräumen wollen."

ΛΛ Wir haben uns dann noch öfter gesehen und recht herzlich ausgesprochen. Ich habe viel dabei gelernt. Vor allem eins: Die Rede von der unüberbrückbaren Kluft zwischen den Generationen ist auch bloß ein Klapperwort, das zum Handwerk der Allzuschnellen gehört.

ΛΛ Es ist gar nicht wahr, daß wir uns nicht verstehen können. Wir mißverstehen uns nur zu leicht, weil eine

Weile lang so ein infames Schlagwortgestöber geherrscht hat, bei dem einem Hören und Sehen verging.

Die künstlerisch Empfindenden der älteren Generation haben genau so wie wir die breite Mittelmäßigkeit der Nachtreterschaft verabscheut, nur wandten sie, wie es im Wesen des Alters liegt, die Blicke rückwärts, indessen wir vorwärts schauten. Das irritierte uns, und wir wurden ungeberdig darüber, daß man nicht gleich mit uns glauben wollte, die wir das neue Heil in uns fühlten. Aber, eigentlich, es war den alten Leuten nicht zu verdenken. Denn nun eben hob ja das Gestöber der Worte auf =ismus an und verdunkelte den Blick. Und was an Werken wurde, das sah den Augen, die ans Fertige gewöhnt waren, natürlich unerquicklich aus.

Wir sahen darüber hinweg wie über den Staub der Landstraße, an deren Ende das offene Thor winkt. Sie aber drehten sich nun erst recht um und meinten, das Staubgewirbel des Neuen sei auch nicht vergnüglicher, als der Sumpf des Epigonischen.

Nun aber, da der Staub sich gesenkt hat, ist es an der Zeit, daß sie nicht mehr bloß nach hinten sehen. Sie werden, wenn sie sich umschauen, merken, daß das Wort „Besen, Besen, seid's gewesen!" mit Erfolg gesprochen worden ist, und sie werden, wie mein bekehrter alter Herr, mindestens die Empfindung gewinnen, daß die Schaffenden

von heute nicht mehr Schlagworten, sondern der Kunst
dienen, und daß diese Kunst mit starken Bändern und
unmittelbar an die große Vergangenheit gebunden ist, heiße
sie nun Goethe oder Dürer.

Diese Bänder sind freilich keine Leitschnüre, daran
tappende Kinder das Gehen lernen.

Die neue Kunst ist, da sie nun ihre Rüpeljahre hinter
sich hat, mündig geworden, und sie wuchert jetzt mit eigenen
Pfunden. Sie schätzt das Alte, das sie als köstliches
Vermächtnis erbte, aber sie will nicht bloß von dessen
Zinsen leben. Das kleinbürgerliche Rentiersbehagen der
Epigonenzeit ist ihr fremd, sie fühlt sich Mannes genug,
neue Werte aus sich selber zu schaffen.

Wer die Kunst wirklich liebt, und sie als wesentlichen
Lebensfaktor der Menschheit begreift, wer es fühlt, daß
wirkliches Kulturleben gar nicht möglich ist ohne frei-
schaffendes Kunstleben, der muß sich, welcher Generation
er auch sei, dieses Umstandes als einer Gewähr dafür
freuen, daß die mageren Jahre einer bloß verdauenden
Kulturepoche vorüber und Zeiten angebrochen sind, die
innere Fülle und eigenes Gepräge, ja, wer weiß, vielleicht
sogar einen Stil verheißen.

Mein ABC.

A

Arbeitstag,
Pendelschlag,
Ackermühe, Ackerglück,
Furche hin, Furche zurück:
Wer das versteht,
hat sich Frieden gesät.

B

Baumeister sei, wer Du auch bist;
Der Bauherr Gott gab Dir's Gerüst
Und was zum Baue nötig ist.
In Dir und um Dich liegt's bereit,
hast etwa vierzig Jahre Zeit;
Nun baue Dich empor:
Schiff und Umgang, Turm und Chor.
Ich hoffe, Du bist nicht so gemein,
Willst mehr als Stall und Scheune sein.

C

Cicero, ein Biedermann,
Catilinan gar nicht leiden kann;
Cäsar sieht sich beide an
Und denkt: die kamen wie gerufen:
Ich will steigen, da sind die Stufen.

D

Damen hab ich viel gesehn,
Schöne und gescheidte,
Nach Frauen mußt ich auf die Suche gehn,
Und oft ins Weite.

E

Ernst, ehrlich, ehrerbietig, eigen:
Wer die vier E ins Schild sich setzen kann
Und sie in Wort und Thaten zeigen:
Der ist ein Mann.

F

Feigheit und Neid, das schlimmste Paar,
Vom Teufel eingesegnet:
Laß sie nicht ein,
Bleib ihrer rein,
Und was Dir auch begegnet!

G

Glück suchst Du, das von außen kommt!
Das ist ein Glückwunsch, der nie frommt.
In Dir liegt Gold! Leg nur die Ader bloß!
Sei auch die Ader klein, des Findens Glück ist groß.

H

Hurra rufen, ist das Tapferkeit!
Ist der der kühnste, der am lautsten schreit!
Wer fest die Zähne aufeinanderbeißt
Und drum nicht schreien kann,
Das ist der Mann,
Der Feindesfahnen sicher an sich reißt.

I

Irdisches Jammerthal, — jämmerlich Wort!
Die es hier rufen,
Jammern sicher auch einmal dort
An des Ewigen Stufen.

J

Jubilate heißt jeder Tag,
Auf dem der Arbeit Segen lag.

3

34

K

Koften und Küffen
Muß man nie müffen.

L

Luft, Liebe, Leid, — drei Ehe=L,
Folgen einander und wechfeln fchnell;
Wird aber kein L durchs andre geftört.
Wo's Ehepaar recht zufammengehört,
Da findet fich auch als Ringgefchmeid
Das allerköftlichfte: Lauterkeit.

M

Marfchieren und luftig fein, das laß ich gelten,
Doch darf kein Feldwebel fluchen und fchelten.
Das Allervergnüglichfte wird Verdruß,
Steht auf der Fahne das grämliche Muß.

N

Niedertracht, Neid, Nörgelei
Bilden gerne Kumpanei,
Immer find zufammen die Drei.
Laß fie, Freund, geh ftill vorbei,
Lach Dir eins und laß fie läftern,
Diefe dürren Kaffeefchweftern.

O

Oberflächlichkeiten
Sind geschickt, zu gleiten,
Wissen ihren Weg gar schnell zu gehn.
Denn sie lassen sich treiben.
Doch auf Pfützen bleiben
Breit sie und mit vieler Würde stehn.

P

Pietist
Reimt sich auf Christ, —
Was doch die Sprache oft scherzhaft ist.

Q

Quappen und Quallen
Mag Schlamm gefallen;
Wir von den Hellen
Gehn zu den Quellen.

R

Redlich und reinlich:
Darin sei peinlich!

S

Sorgen, das sind schlimme Gäste,
Kleben zähe, sitzen feste.
Mußt ihnen nur hurtig den Rücken drehn;
Wenn sie Dich bei der Arbeit sehn,
Bleibt ihnen nichts übrig als weiter zu gehn.

T

Teufel bannen, heißt thätig sein;
Herr Urian kehrt bei Frau Schlafhaube ein.

U

Undank ernten, das läßt sich tragen;
Wen's ankommt, je nach Dank zu fragen,
Kann keiner vom Herrengeschlechte sein;
Aber Undank üben, macht pöbelgemein.

V

Versuch Dein Glück! So rufen die Lotterie'n.
Zieh, doch bedenk: Du kannst auch Nieten ziehn.
Viel sicherer geht, wer, statt zu spielen, schafft.
Drum folg dem Ruf: Versuche Deine Kraft.

W

Wirbelwinde, Wirbelköpfe
Zerschmettern Schiffe, zerbrechen Töpfe.
Klar und gradaus der Wind, der Kopf:
Im Hafen das Schiff, voll Speisen der Topf.

X

X wird nie U, und macht's Dir einer vor,
Nimm ihn gelassen nur beim Ohr
Und setz' ihn säuberlich vor's Thor.

Y

Ypsilon ist gar so selten,
Schwer will sich ein Vers drauf melden.
So giebt's im Leben auch leere Stunden,
Auf die ein Reim schwer wird gefunden.
Fällt uns nur sonst was Rechtes ein,
Eine Lücke wird immer verziehen sein.

Z

Zier Dich nicht und sperr Dich nicht,
Bürger dieser Erde,
Dazu ist das Mahl gericht',
Daß gegessen werde.

Von der palaestra musarum.

Der anspringende Löwe auf der ersten Ausgabe der Schillerschen Räuber trägt die Unterschrift: In tyrannos! Heute würde man zu schreiben haben: Wider die Philister!

„Kritische Wälder" durfte Herder eine Aufsatzreihe nennen; „kritische Sümpfe" wäre ein passender Titel für etwelche kritische Sammlungen von heute.

Als Goethe alt wurde, begann er das Wort „nebulos" zu lieben; aber selbst hinter seinem Nebel fühlen wir die Sonne. Heute fangen nicht wenige nebulos an, noch ehe sie Licht gezeigt haben. Sie möchten mit dem zweiten Teile des Faust beginnen. Aber selbst Goethe wäre kaum im Stande gewesen, den ersten Teil nach dem zweiten zu dichten.

Wir leben in der Zeit der -ismen, und so darf man ihren Karakter kurz und schön in das Wort Ismismus zusammenfassen. Was aber ist ein -ismus? Die Kunst, aus einer Not eine Tugend zu machen.

Der alte Sturm und Drang war ein Gewitter, und die Wolke, aus der es sich entlud, hieß Shakespeare. Unser naturaliſtiſcher Sturm und Drang hatte mehr etwas von einem ſchweren Landregen. Dafür bildete ſich aber auch jeder Tropfen ein, er ſei ſelber die Wolke geweſen.

𝕬𝕬 Die Nachwelt iſt undankbar. Wir haben eine Goethe= Geſellſchaft, aber niemand denkt daran, eine Kotzebue= Geſellſchaft zu gründen. Und doch leben von der Erb= ſchaft Kotzebues viel mehr als von der Erbſchaft Goethes. Die heimliche Kotzebue=Geſellſchaft iſt freilich längſt kon= ſtituiert. Sie hat ſogar ihre Düntzer.

𝕬𝕬 Das Weſen der Wiſſenſchaft iſt: Wahrheitsbeweiſe anzutreten, das Weſen der Kunſt: Schönheitsbeweiſe zu geſtalten.

𝕬𝕬 Im Leben wirkt weniges ſo abſcheulich, wie ein ge= ſchminktes Kind, in der Kunſt wirkt nichts ſo abſcheulich, wie angeſchminkte Naivetät.

𝕬𝕬 Ein bißchen Franzöſiſch iſt doch wunderſchön; drum beziehen wir auch unſere Schlagworte gerne aus Frank= reich und erſchüttern die Luft mit Deviſen wie: L'art pour l'art! L'art pour l'artiſte! L'art pour la vie! L'art pour . . . Was weiß ich alles! Nur eine Deviſe hab' ich noch nicht gehört, und ſie hat dabei ſo einen ſchönen franzöſiſchen Tonfall, daß ſie ſelbſt ein Kunſthändlerherz erweichen müßte, wenn man sie recht schmelzend in die Lüfte säuselte: L'art pour le portemonnaie!

𝕬𝕬 Den Dilettanten juckt's, etwas auch zu können, den Künstler treibt's, etwas zu machen, an dem kein fremdes Auch haftet.

𝕬𝕬 Der Dilettant, das ist auf Deutsch der Liebhaber der Muse; er hält sie unter Opfern aus und wird von ihr betrogen, weil sie zu dem Künstler, der ihr Geliebter ist, auf die Stube läuft. O musa! O mores! ·

𝕬𝕬 Manche Künstler meinen, es genüge, ein guter Maler zu sein, oder ein guter Bildhauer, oder ein guter Dichter, — die guten Michel! Sie wissen etwas sehr wesentliches nicht, das nämlich, daß jeder Künstler, welches seine Kunst im übrigen sei, vornehmlich auch ein guter Regisseur sein muß. Ihr müßt verstehen, euch in Scene zu setzen, liebe Leute!

𝕬𝕬 Das ist aber keine kleine Kunst, und mancher lernt's nie. Der muß drum meistens warten, bis er tot ist und ein Ausstattungsstück mit pietätvoller Melodrambegleitung aus ihm gemacht wird. Es giebt Leute, die eigens dazu auf Universitäten studieren, daß sie das recht schön können.

𝕬𝕬 Mancher stellt's auch falsch an. Er vergreift sich in der Auffassung seiner selbst, wie sich ein Theaterregisseur in der Auffassung eines Stückes vergreift. Da hat z. B. einer das Talent, kordial zu sein, mit Leuten von Einfluß Skat zu spielen und Mikoschanekdoten zu erzählen, und dieser Inscenierungsstümper glaubt, als Pathetiker wirken zu können. Wenn er nicht an alte Damen gerät, ist er verloren.

✿

ДД Wahrlich, wahrlich, ich sage Euch: Wer das Zeug hat, kordial zu sein, der sei unentwegt kordial von früh bis spät, und wenn ihm dabei übel wird! Es giebt keine bessere Rolle, als die des Kordialen, und, wenn es das Glück mit ihm so wohl will, daß es ihm einen Magen verliehen hat, der Bier, Wein und Liköre auch in un= gewöhnlichen Mengen verträgt, dann kann's ihm gar nicht fehlen: er wird direkt populär werden. Denn die Reporter, die den Ruhm zeilenweis machen, dürfen sagen: Mein Freund, der berühmte X. . . .

✿

ДД Steh' nicht immer vor der Leinwand, Maler, die Du mit Farben bedeckst, nein: sitze öfter noch an der Leinwand, die mit Schüsseln und Gläsern im Hause von Kunst= freunden bedeckt ist. Dort machst Du Bilder, hier ver= kaufst Du sie.

✿

ДД Mache nicht immer Deiner Muse den Hof, Dichter, nein: schneide auch andern Damen die Cour. Die Muse kauft weder Bücher, noch schwärmt sie für Dich.

✿

ᴀᴀ Bildhauer, Unmensch, wie siehst Du aus in Deinem Kittel! Studiere den Faltenwurf auch ein wenig für Dich selber! Es giebt Leute, die Dich sonst für einen Steinmetzen taxieren.

ᴀᴀ Daß ich es aber nicht vergesse: Ein Regisseur muß auch wirklich etwas in Scene zu setzen haben. Die Coulissen allein geben noch kein Stück.

ᴀᴀ Und schließlich: Ein rechter Kerl pfeift auf die Regiekünste. Schon aus dem einfachen Grunde, weil er keine Zeit hat, sich in Scene zu setzen.

ᴀᴀ Es heißt: „Für die Bühne schreiben", aber es bedeutet: „Für den Zuschauerraum schreiben". Daher kommen so viele Stücke, die für die Bühne geschrieben sind, nicht auf die Bühne.

ᴀᴀ Berühmt sein ist so lange eine bedenkliche, ja fast unappetitliche Sache, als es nur bedeutet: in der Leute Munde sein; etwas Großes und Schönes wird es erst dann, wenn es bedeutet: in der Menschen Herzen sein.

Herbstvisite.

Ein Gespräch.

᚛ Ich ᚛

Die ersten Trauben und Nüsse dabei —:
Meine Thüre ist offen, komme herein, wer es sei!
Will niemanden heut von der Schwelle weisen;
Soll Trauben zerdrücken und Nüsse zerbeißen.

᚛ Der mit der Sense ᚛
im Eintreten

Das nenn ich höflich. Ich bin so frei.
᚛ Willkommen, Gevatter! und setz Dich her!
Anmutig scheinst Du mir zwar nicht sehr,
Doch hoff ich von Deinen Knochenbacken,
Sie werden mir helfen, die Nüsse zu knacken.
Du siehst ja aus wie das ewige Gähnen.
᚛ Ich renommiere gern mit den Zähnen.
Eine kleine Schwäche und Eitelkeit . . .
Doch à propos: Bist Du so weit?
᚛ So weit? Wie weit?

᚛ Dich einzuhenkeln
In meinen Arm . . .

᚛ An dürren Schenkeln
Mocht ich mir nie gerne meine reiben.
Auch hab ich noch große Lust, hier zu bleiben
Bei Trauben und Nüssen und sonst guten Sachen,
Die mir das Leben vergnüglich machen,
Zum Beispiel . . .

Gestatte, daß ich verzichte;
Ich kenne sie schon, die Schleckergerichte:
Die Liebe, die Schönheit, die Kunst und so weiter.
Eigentlich hielt ich Dich für gescheiter.
Das alles, Du weißt es so gut wie ich,
Ist bloß Zuckerglasur und äußerlich;
Inwendig, der Kern: puh, bitter und böse.
Gestatte, mein Freund, daß ich schnell Dich erlöse.
Sehr liebenswürdig.   Indeß ... ich glaube ...
Ach, sieh nur: Wie voll ist diese Traube!
Und heb nur: Wie schwer! Und denke: Der Wein!
Der Heurige wird recht trinkbar sein.
Kein Rausch ist wie der meine tief.
Ich wachte noch immer gern auf, wenn ich schlief.
Dann bin ich in dem Haus zu früh.
Nimm Deine Sense, spar Deine Müh.
War keine Mühe, war eine Visite.
Geh nicht im Aerger, Gevatter, bitte.
Du siehst mir so verdrossen aus ...
Ich gehe nicht gerne leer aus dem Haus.
So nimm eine Handvoll Nußschalen mit,
Denn Dein ist die Schale.
                    Einst sind wir quitt.

Frühlingszuruf.

Nun sich die Knospen aus den Zweigen drängen,
Blühende Kräfte morsche Bande sprengen,
Wohin Du siehst, wacht alles fröhlich auf —:
Nun sei in Deiner Seele rein und heiter,
Erzengel rechts und links Dir als Begleiter,
Nimm in den Morgen fröhlich Deinen Lauf!

Die Schwingen streifen Dich an beiden Seiten,
Um Dich der Engel Athem im Geleiten,
Wie muß Dein Schritt jetzt frei und kräftig sein!
Schreit aus und glaube: Dir erklang das Werde!
Schick Deine Blicke aus: Die ganze Erde
Blüht Dir an's Herz: Was schön ist, das ist Dein!

Denn der ist König über alle Dinge,
Und den berührt der Engel goldene Schwinge,
Der seine Blicke so aussenden kann,
Daß sie wie Adler Beute heimwärts tragen,
Und dem die Morgenstunden leuchtend sagen:
Du, Mensch mit hellen Augen, nimm uns an!

Sommer.

Singe, meine liebe Seele,
Denn der Sommer lacht.
Alle Farben sind voll Feuer,
Alle Welt ist eine Scheuer,
Alle Frucht ist aufgewacht.

Singe, meine liebe Seele,
Denn das Glück ist da.
Zwischen Aehren, welch ein Schreiten!
Flimmernd tanzen alle Weiten,
Gott singt selbst Hallelujah.

Winter.

Der alte Säemann geht übers Land;
Sein grauer Sack ist voll und wird nicht leer,
So viele Hampfeln auch die Hand verstreut.

Und alles ist ihm Feld: Wald, Wiese, Berg;
Allüberallhin sä't er seine Saat,
Die niemals aufgeht. Schweigend thut er so.

Ich seh ihm zu. Mich überschüttet weiß
Der kalte Segen seiner toten Saat.

Und wie ein Baum, aus dem der Lebenssaft
Sich in die Erde schlug, so steh ich starr
Und fühle innerlichst mich selbst vergehn.

Und Schlaf und Tod ist mir nur noch ein Gott.

Die große Kupfermünze.

Daß man auf einem Zehncentesimi-Stück bequem schuhplattln könnte, ist eine Uebertreibung, aber das bleibt gewiß: eine umfangreiche Münze ist so ein Ding. Hat man solcher geprägten Präsentierteller zwanzig in der Tasche, so fühlt man sich schwer reich und entledigt sich dieser Kupfermassen schneller, als unter Umständen ratsam ist.

Vielleicht hat man sie so schwerwichtig gemacht, damit das Polenta-Volk wenigstens die Illusion habe, mit Schätzen beladen zu sein; vielleicht ist es aus Gründen der Sanitäts-polizei geschehen, damit die Leute, die mit diesen Metall-stücken hantieren, gleichzeitig ihre Muskeln stärken; vielleicht wollte man, da in Italien das Waffentragen so streng verboten ist, die Leute auf diese Weise doch mit einer Art Waffe versehen, denn man kann mit ihnen einen Mitmenschen bequem totschlagen. Das sind Fragen der Münzpolitik und Volkspsychologie, die ich den Specialisten dieser Gebiete über-lasse. Sie gehen mich nichts an und haben auch nichts mit den merkwürdigen Erscheinungen zu thun, die ich hier erzählen will.

▨▨ Ich war in Venedig. Es war ein sehr heißer Augusttag, und die Lagunen stanken ein bißchen. Ich wollte eigentlich in die Kühle der Markuskirche flüchten, wo, von den alten Mosaiken her, das Christentum mit eckig byzantinischen Gebärden seine Ursprache, das Orientalische, spricht. Es ist so eine Art feierliches Gemauschel, dem ich indessen den Vorzug gebe vor der allzuschönen Sprache der Renaissance-gewaltigen. Es kommt aus keuchenden Seelen, die es ver-standen haben, sich bis auf den Rest auszugeben. Eine Kunst befreiter Sklaven, die den freien Gang noch nicht kannten.

▨▨ Aber ich kam nicht bis in die Markuskirche. Ich hatte zu viele Zehncentesimi-Stücke in der Tasche, und es war, wie schon bemerkt, sehr heiß. Auf dem Bronzesockel einer der schönen hohen Flaggenstangen sank ich erschöpft nieder. Und nun passierte mir das Sonderbare.

▨▨ Ich muß wohl eingeschlafen sein. Oder sollte ich im Wachen meine Zehncentesimi-Stücke über den Markusplatz gerollt haben? Nein, das glaube ich nicht. Und der Markusplatz ist auch kein Schachbrett. Aber mir war es doch so! Ja —: Ich nahm die Kupferstücke wie Damenspiel-steine und ließ sie über das große Schachbrett laufen. Es machte mir Spaß, zu sehen, wie sie erst gerade dahin rollten, dann eine kleine Biegung machten, dann sich um sich selbst drehten und wipp-wapp platt niederfielen. Eins neben dem andern.

▨▨ Das ist schon ziemlich närrisch. Aber es kommt noch besser. Plötzlich, nein, es ist wirklich recht merkwürdig, plötzlich, aber nun lachen Sie mich gewiß aus, plötzlich war mir, ich wüchse schußweis wie eine Palme von Jahres-knorren zu Jahresknorren hoch auf und wäre, um Gottes-willen, wäre der Campanile und hätte einen Schneckengang aus Ziegelsteinen im Leibe. Aber hat denn der Campanile rund um sich herum Hände wie ein indischer Oelgötz? So an die tausend etwa, und jede dieser Hände wirft unablässig Zehncentesimi-Stücke von sich. Die fallen klirr aufs Marmorpflaster und . . .

∞ Aber ich bitte Sie! Jetzt sind es Bicycles! Die Doppel-soldi sind Bicycles, und auf jedem sitzt ein nackter Kerl, Bub oder Mädel, und radelt davon mit einem heiden-mäßigen Jubelgeschrei, daß die Speichen blitzen wie Strahlen einer rasenden Sonne. Hinaus in die weite Welt radelt das nackte Gelichter. Erst über goldne Fliese weg, dann über Platten von schwärzlichem Silber. Aber im Umkreise der Un-endlichkeit lagen grüne Wälder und Wiesen, bunte Gärten und Felder, und durch den blauen Himmel, der darüber war, schlangen sich, wie auf den goldgründigen Bildern der primi-tiven Alten, Spruchbänder mit purpurleuchtenden Lettern. Diese aber sagten alle den einen Satz: Jedem das Glück!

∞ Mich erfaßte eine ohnmächtige Wut. O, ich Esel von Campanile! Daß ich hier stehen muß und zusehen, wie sie alle ins Glück fahren, diese nackten Velocipedler! Ich will nimmer! Ich will mitradeln! Ich will auch mit in diese klare Unendlichkeit. Ich will . . .

∞ Plautz! Da fiel ich um, mit meiner ganzen Turmlänge

4

quer über den Markusplatz und lag nun schief auf dem Orlogio auf. So, jetzt sperr' ich wenigstens den Weg, dacht' ich mir in elender Bosheit. Da haute der eine der beiden Glockenschlägerriesen mich mit seinem Hammer auf den Kopf. Rasend vor Schmerz drehte ich mich um und rollte nun langsam zu Boden.

Aber nun frage ich Sie: Ist es nicht haarsträubend? Meine Konstitution, eben noch schlank, hoch, steil, turm= wüchsig, verschob sich, gliederte sich ins Breite, und ich ward eine elend lange Loggia mit tausend Säulenpaaren. Und ein Gewimmel in mir! Fabelhaft! Aus jedem Säulen= paar traten Menschen heraus, nackt wie die vorigen, Jünglinge und Mädchen, und übten sich im Diskuswurf. Natürlich waren es wieder diese Zehncentesimi=Stücke, die sie von sich warfen. Herrgott, wie sausten die durch die Luft!

Und alle zielten nach einem Ziel. Es war ein grauer Steinkoloß, so hoch wie breit, und sah gräßlich aus. Ich sah nur den Kopf. Der war blind; hatte nicht Auge noch Nase noch Ohr: nichts als ein quermalmendes Maul. Und irgendwo stand das Wort: Elend.

Und die nackten Leute warfen und warfen mit ihren Kupferplatten nach diesem grauen Schädel. Aber der wurde nur größer von den Scheiben, die ihn trafen, denn immer, wenn eine kam, sperrte er das malmende Maul auf und ließ sie rasselnd in sich einsinken. So schwoll er sichtbarlich, und das Malmen seiner Zähne klang wie dumpfes, stumpfes Sägen.

ɑɑ Mir schien, die Nackten wurden müde, zu werfen. Da kam ein Mann. Er war größer als die andern und fröhlicher. Denn sie alle waren ernst. Er lachte zu dem knirschenden Maul auf, nahm eine Platte, wischte mit einem Rucke das Porträt des schnurrbartgewaltigen Königs Umberto davon ab und schwang sie ein-, zweimal hinter sich. Dann ließ er sie mit einem starken Rucke fliegen. Und sie fuhr in den Himmel. Alle sahen ihr nach. Es war ein Schweigen, in dem kein Atem ging. Da, plötzlich, kam, glühend und groß wie eine wirbelnde Sonne, die Platte aus dem Himmel zurück, Feuer um sich schleudernd, zischend wie durch Wasser, und ein geller Freudenschrei krachte aus allen Kehlen empor: Jetzt! Jetzt! Jetzt liegt der Schädel zerschmettert! . . . .

ɑɑ Da hörte ich eine leise bittende Stimme an meinem Ohr: „Un soldo, signor!" und sah, wie ich meine Augen aufthat, die kleine, blasse, magere Hand eines Kindes, bettelnd vor mich hingehalten. Und ich begriff meinen Traum.

4*

Mit dem Ring am Finger.

Ein paar Gedichte auf den Weihnachtstisch meiner Frau.

I.

Ehemarterl.

Hier fiel ich, steh, Wandrer, und bet ein' Gebet,
In die Hände meiner Frau, der Anna Margreth;
Es war am fünfundzwanzigsten Mai,
Als ich ging an diesem ††† Baume vorbei,
Hinter dem sie ganz von ungefähr stand;
Ich sagte Guten Abend und gab ihr die Hand.
Damals war ich ein Junggesell,
Und deshalb verliebte ich mich sehr schnell;
Sie behauptete von sich selber das Gleiche
Und verlangte, daß ich die Hand ihr reiche
Nächstens und schleunigst auch am Altar,
Der zufällig hier in der Nähe war.
Und deshalb, weil dieses wirklich geschehn,
Sag ich: O Wandrer, bleibe hier stehn,

58

Bedenke der Freiheit Vergänglichkeit,
Bet ein Gebet und bleibe gescheidt.
   Bums Bärlaatsch, Bauer und Ehemann,
   Der ein Wort davon mitreden kann.

II.

Weißt Du noch?

Weißt Du noch: das kleine Haus
Zwischen Wald und See und Feld?
Eine alte Eiche hält
Wacht davor.

Weißt Du noch: das Zimmerchen?
Wie ein Käfig war es klein,
Nur ein Tisch, ein Stuhl und ein
Kanapee.

Weißt Du noch: die Dämmerung?
Glockenklang vom Kloster her ...;
„Nun laß ich Dich nimmermehr!"
Weißt Du noch?

III.

Gefunden.

Laue Sommernacht; am Himmel
Stand kein Stern; im weiten Walde
Suchten wir uns tief im Dunkel,
Und wir fanden uns.

Fanden uns im weiten Walde
In der Nacht, der sternenlosen,
Hielten staunend uns im Arme
In der dunklen Nacht.

War nicht unser ganzes Leben
So ein Tappen, so ein Suchen?
Da: In seine Finsternisse,
Liebe, fiel Dein Licht.

IV.

Liebeslied.

Ich nehme Dich und küsse Dich
Und lasse Dich nicht von mir,
Ein blinder Bettler wäre ich,
Wär nicht mein Herz bei Dir.

Seele, Sinne, alles Meine,
Es ist Deine
Jederstund;
Laß mich küssen, laß mich küssen
Deine Hände, Deine Stirne,
Deine Augen und den Mund.

V.

Nachtwandel zum Glück.

Schwül war die Frühlingsnacht, es sang
Die Sehnsucht aus der Nachtigall;
Des Mondes Scheibe, groß und gelb,
Stand über dem Kastanienbusch
Und sog der Erde Atem auf;
Im Wildbach kollerte vom Berg
Gekiesel, unterm Wasser klangs
Wie Glockenläuten. Sonst wars still.

Ich weiß nicht, ob ich schlief; mir war,
Da draußen winkte eine Hand:
Steh leise auf und komm heraus,
Verlaß die Enge, die Dich hält,
Geh frisch den hellen Weg der Nacht,
Geh grade aus: es gilt Dein Glück.
Es drängte Dich schon lange, sieh:

Jetzt zieht es Dich. Du mußt! Du mußt!
Mit offenen Armen steht es da.
So .!. Leise ... leise ... komm ... komm ... so!
Das Gartenthor ist aufgeklinkt ...
Nun geh! ...

Und ich ging durch Wies und Wald,
Lief ins Ungefähre;
Sah ein Schloß ich liegen bald
Hinter Mauernwehre.

War die Thüre leider zu;
Ließ ich michs erfrechen,
In des alten Gartens Ruh
Kletternd einzubrechen.

Standen schwarze Tannen rings,
Alte Paladine,
Treppenhoch lag eine Sphinx
Mit verdrossener Miene.

War verdrossen, weil ihr Bug,
Ungewöhnt, zu tragen,
Einen frechen Reiter trug,
Herrisch und verschlagen:

Amor wars; er zauste sie
Keck am linken Ohre.
Es vertragen Sphinxe nie
Solcherlei Humore.

Und mir schien, der Knabe Gott
Sei hier nicht am Platze.
Hüte Dich! Dein nackter Spott
Spürt die Löwentatze!

Hüte Dich! In diesem Haus
Ist kein Ort zum Necken.
Schweres Leiden schläft hier aus;
Hüte Dich, 's zu wecken!

So dem kleinen Gotte sehr
Ins Gewissen redend,
Ging ich würdevoll umher,
Langsam näher tretend.

Dachte mir: Sprang ich einmal
Ueber Thür und Mauer,
Seh ich auch in Flur und Saal
Mich noch um genauer.

Stieg die Treppe drum hinan,
Wagte mich zum Thore;
War ein Löwenkopf daran;
Nahm ich den am Ohre.

Klopfte. Bum, bum, bum, bum, bum.
Hört es innen hallen.
Horch: Geschlürfe und Gebrumm,
Dumpfes Thürenfallen.

Kommt wer? ... Nein. Rief da nicht wer?
Wie? „Die Thür ift offen!"
Wie? „Bloß drücken!" Danke fehr!
Und ich fteh betroffen:

War ein langer, dunkler Gang,
Gobelinverhangen.
War mir auch ein wenig bang,
Bin ich doch gegangen.

Rechts und links in Blau und Grau
Teppicheingewoben
Rittersmann und Rittersfrau;
An der Decke oben

Braun Gebälke tief und fchwer;
Nirgends eine Thüre;
Niemand da; all=alles leer;
Niemand, der mich führe.

Ift das ein Gefpenfterhaus?
Ward mir ängftlich enge.
Ungemütlich! Schnell hinaus!
Hebt fich das Gehänge:

Eine Thüre thut fich auf
Wie von Geifterhänden,
Eine Treppe führt hinauf
Zwifchen bunten Wänden.

Rot und grün und gelb und blau,
Alle Farben sangen;
Rittersmann und Rittersfrau
Reigenketten schwangen.

Eine Falkenjagd dabei;
Vom Dekamerone
Manche gute Märe frei;
Amor auf dem Throne.

Neben ihm ein junges Kind
In der Schönheit Kleide;
Gottseidank, ich bin nicht blind
Solcher Augenweide.

Nacktheit ist mir kein Verdruß,
Danke dem Geschicke,
Daß ich nicht erröten muß
Vor der Schönheit Blicke.

Also: An dem Throne stand
Neben Amors Gnaden
Nackt ein Fräulein, und das wand
Einen roten Faden

Linde sich wie einen Ring
Um den linken kleinen
Finger. Ach, das süße Ding!
Ihrer Augen Scheinen

Ging mir so lebendig tief
In mein bestes Leben,
Daß ich einen Namen rief,
Der mir Glück gegeben.

Sieh! da hebt ein Teppich sich,
Und es kommt gegangen
Die in goldene Ketten mich
Lange schon gefangen.

Doch mir wars, ich sähe sie
Heut zum erstenmale;
Sank verliebt vor ihr aufs Knie
In dem bunten Saale.

Ach, wie schön sie vor mir stand
In der gelben Seide;
Lange küßt ich ihre Hand,
Und wir lachten beide.

Sprach ich: Alles fällt von mir,
Was an mir gehangen,
Seit ich heute her zu Dir
Wie im Traum gegangen.

Komm aus einer grauen Welt
Voller Spinneweben,
Und nun seh ich lusterhellt
In ein buntes Leben.

Sprach sie: Denke nicht zurück
An die grauen Tage,
Küß von meinem Mund das Glück,
Das ich in mir trage.

Denn für Dich wards mir geschenkt
Von der hohen Güte,
Die zu mir Dich hergelenkt.
Dein ist meine Blüte.

Und es sank um uns die Nacht,
Duftgewobene Flöre,
Aus den alten Bildern sacht
Sangen süße Chöre.

Wie zwei Kinder schliefen wir
In das Land der Träume,
Hand in Hand durchliefen wir
Alle Weltenräume.

Wanderten von Stern zu Stern,
Sahn in alle Weiten,
Sahen selber Gott den Herrn
Durch die Himmel schreiten.

Wanderten von Kuß zu Kuß
Mitten durchs Gebrause
Allen Seins. Zum guten Schluß
Waren wir zuhause.

Wie wir morgens aufgewacht,
Hand in Hand geschlungen,
Hat sie hell mich angelacht
Und ein Lied gesungen:

„Ich weiß im tiefen Walde, ja Walde,
Ein ururaltes Schloß,
Dahin, da will ich reiten
Auf einem weißen Roß.

Komm, spring Du in den Sattel, ja Sattel,
Und heb mich hinter Dich,
Allein will ich nicht reiten,
Im Walde fürcht ich mich.

Das Schloß ist mein und Deine, ja Deine,
Und es ist garnicht weit,
Zwei Stunden hinter Mitternacht,
Wo die Schleiereule schreit.

Ach Gott, wo ist der Schimmel! Ja, Schimmel!
Der ist am Anger drauß.
So laß den Schimmel weiden,
Und wir, wir bleib'n zuhaus."

Und die Sonne übergoß
Sie mit goldenem Schimmer,
Schöner als das alte Schloß
Schien mir da mein Zimmer.

Ich verstand des Traumes Hand
Und ihr weises Führen,
Daß ich, was ich hatte, fand
Hinter fremden Thüren.

VI.

Frau Güte.

Heut sagte ich die ganze Nacht
Im Traum: Ich wollt, ich wäre tot.
Doch, als ich morgens aufgewacht,
Begrüßten mich zwei Lippen rot.
Frau Güte hat mich angelacht
Und flüsterte: Es hat nicht not,
Beiseite ist das Gift gebracht,
Da, nimm und iß des Lebens Brot!

Den ganzen Tag hab ich gelacht:
Herr Meister Tod, gut Nacht, gut Nacht!
Es ist nicht not! Es ist nicht not!

VII.

In einer dunklen Nacht.

Wenn dieser Körper einst zerfallen ist,
Seele, Du meine Seele,
Träumst Du Dir einen andern Leib?
Lebst Du auf einem andern Stern?
Treibst Du aus Deinem Drange, der die Schönheit will,
Blumen, Bäume?

O meine Seele, wenn Du nicht vergehst,
Dann bleib bei ihr, die mir das Leben lieber macht
Als alle Schönheit.
Umblühe sie,
Umhüte sie,
Laß alle Sterne, alle Seligkeit
Und bleibe bei ihr.

Und wenn auch sie dann, wachgeküßt vom Tod,
Sich selbst in ihrer tiefsten Reinheit lebt,
Dann geh in sie und gieb Dich selber hin,
Sei eins mit ihr.

Das ist die Seligkeit, die ich Dir hoffe,
Meine Seele.

Dekorative Kunst.

Wie sich die Leute zur Zeit der großen Revolution in Frankreich nicht mehr sonderlich aufregten, wenn sie den, der gestern noch ein Viel= gewaltiger im Staate gewesen war, heute unterm Fallbeil enden sahen, so haben wir uns heute daran gewöhnt, es mit Gleichmut anzusehen, wie im Reiche der Kunst schnell= wechselnd die gebietenden Schlagworte sich ablösen, so daß, was eben noch als einzige Wahrheit proklamiert wurde, plötzlich gar nichts mehr gelten soll und als erstaunliche Thorheit belächelt wird. Das gehört so zum Wesen der Uebergangszeit, und wir wissen wohl, daß alle die vielen Richtungsvorstöße, so sehr sie sich zu widersprechen schienen, doch ausnahmslos dazu mithelfen, einem einheitlichen neuen Kunstleben von kulturschöpferischem Gepräge die Wege zu ebnen. Aber wir fangen an, ungeduldig zu werden; nervös, wie wir schon einmal sind, möchten wir nun bald nach dem ewigen Zickzack die gerade Linie sehen; unser Vertrauen auf eine neue künstlerische Renaissance möchte endlich einmal eine Abzahlung in bar und nicht immer wieder Wechsel auf die Zukunft erhalten.

Ich glaube, die Zeit unseres Wartens wird bald vor= über sein; ich glaube, daß der Augenblick gekommen ist, wo sich die Rauchwolken der Programmscheiterhaufen endgiltig verzogen haben, und wo ein Prinzip am Werke

und im Begriffe ist, das Ganze bestimmend zu durchdringen.
Dieses Prinzip hat sich nicht nach Schlagwortart mit viel
Getöse eingeführt, es ist nicht in den Posaunenschallwellen
revolutionärer Manifeste über die Lande gefahren, ja, es
hat es sogar verabsäumt, einen hübschen, schmucken =ismus
in glänzender Heroldstracht vorauszusenden. Unter dem
Spektakel der einander ablösenden Schlagworte ist es ganz
leise und heimlich in die moderne Kunst eingedrungen,
scheinbar nur eine Laune Weniger, eine Spielerscheinung
neben dem Ernst mörderischer Kämpfe, ein Erholungssport
für die grimmigen Titanen, die Naturalismus, Realismus,
Idealismus, Symbolismus und andre gewaltige Wortberge
übereinandertürmten, um die alten Kunstgötter aus dem
Olymp zu treiben. Aber nun, auf einmal, sehen wir, daß
diese niedliche Nebensache sich zu einer Bewegung aus=
wachsen will, neben der sich all' jene Spektakelstücke nur
noch wie die verschiedenen Sätze einer Ouvertüre neben der
folgenden großen Oper ausnehmen. Und, merkwürdig,
wenn wir genauer hinsehen, so finden wir, daß in der
That jeder dieser Sätze seine Beziehung zu diesem Neuen
hat, das wir als das große Leitmotiv, ja, als den eigent=
lichen Sinn und Inhalt des sich nun gestaltenden Ganzen
der modernen Kunst erkennen müssen. Von all diesen
=ismen, die vorüber gestöbert sind, steckt etwas in diesem
Neuen, das selber kein =ismus ist. Mit einer der beliebten
Anleihen beim Wortschatze der deutschen Philosophie kann
man sagen, daß diese größte, breiteste Bewegung der

modernen Kunst die praktische Synthese aller der analytischen
Kunstbestrebungen unsrer Tage ist, deren jede für sich allein
das Heil zu bringen gläubig bemüht war. Sie waren
intolerant und mußten es sein, wollten sie sich durchsetzen;
denn es waren allesamt Sondertendenzen, sei es der Technik
oder der Anschauungsart oder auch des Temperamentes
und des Geschmackes. Hier aber tritt etwas auf, das von
Natur zusammenfassend, im Gebiete des Künstlerischen
geradezu der Begriff der Zusammenfassung ist. Es schließt
nichts aus, es engt die Kunst auf keinerlei Tabulatur ein,
aber es stellt, zum erstenmale wieder seit sehr langer Zeit,
ein allgemeines Ziel auf. Es sagt nicht: Diese Technik
ist die einzig künstlerische, diese Anschauung ist die einzig
wahre, dieses Temperament ist das einzig kräftige, dieser
Geschmack ist der einzig gute; und so sagt es auch nicht:
So und so ist schön, und so und so ist häßlich. Alles
dies Bekenntnishafte ist bei ihm, wie bei den Sozial=
demokraten die Religion, einstweilen Privatsache, aber
unverrückbar richtet es ein Ziel auf, das allen künstlerischen
Bekenntnissen, von den alleinseligmachenden großen =ismen
bis zu den kleinen Sekten der Ultras, gemeinsam sei. Und
seine Zuversicht ist, daß dieses Ziel ganz von selber ein
Zusammenfließen aller Richtungen in einen großen Strom
herbeiführen werde, der späteren Zeiten einmal als der Stil
unsrer Zeit erscheinen wird.

Angesichts dieser Zuversicht, die nichts Geringeres als
die Erfüllung des höchsten künstlerischen Ideals einer Zeit

5*

als sichere Zukunft bezeichnet, wird das Ziel selber den meisten als gar zu simpel und nüchtern erscheinen, wenn ich es kurz in die Worte zusammenzufassen versuche: Dienstbarmachung der Kunst für das Leben. Indessen: die Aufrichtung dieses simplen nüchternen Zieles bedeutet für die Entwicklung unseres Kunstlebens einen Umschwung, neben dem alle die künstlerischen Revolutionen unserer Tage nur noch die Bedeutung von vorübergehenden Zuckungen haben. Es fehlt sogar nicht an Leuten, die in der Thatsache, daß damit der sowohl von Kunstrichtern, wie ganz besonders von Künstlern vielfach streng verpönte Begriff des Zweckes wieder in die Kunst eingeführt wird, geradezu den Beginn vom Ende der „großen Kunst" überhaupt erblicken und dies mit einer Art Genugthuung begrüßen. Diese Anschauung, die bedenklich über das Ziel hinausschießt, wird naturgemäß unter den Verfechtern der neuen Kunstauffassung ebenso viele Anhänger haben, wie sie der Hauptangriffspunkt für diejenigen sein wird, die den Zweckbegriff in der Kunst überhaupt bestreiten. Aber weder das Eine noch das Andere wird es verhindern, daß das Prinzip selber durchdringt. Denn dieses Prinzip bedeutet die einzige Möglichkeit eines Kunstlebens in dem umfassenden Sinne, wie es die Zeit der Renaissance schon gekannt hat, und wie es von alten Kulturländern heute nur Japan zeigt.

Alle große Kunst, wie sie in den Museen aufgestapelt und hie und da in reiche Häuser verstreut ist, all' der

Aufwand an Technik, Erfindungsgabe, Beobachtung,
Geschmack, die wir an einzelnen solcher Werke bewundern,
kann uns nicht darüber hinwegtäuschen, daß die unendlich
reichen Möglichkeiten der bildenden Kunst für unser Leben,
das öffentliche sowohl wie das private, fast gar nicht aus-
genutzt werden. Wäre dem nicht so, wie anders müßten
unsere Wohnungen aussehen, unsere Möbel, Vasen,
Gewebe, Beleuchtungskörper, Tapeten, Teppiche. Was
wir um uns betrachten, von den großen Ausstattungsstücken
unserer Zimmer an bis zu den Thürklinken, es ist entweder
Imitation alter Stile oder einfach nüchterne Fabrikware.
Wer hat schon einmal eine wirklich schöne Lampe von
modernem Geschmacke gesehen? Welchen Menschen von
Geschmack haben sie auf den Tischen unserer Salons noch
nicht entsetzt, diese berüchtigten deutschen „Prachtwerke"?
Es kann uns passieren, daß wir an einer Wand ein wert-
volles Gemälde, ein Lenbachsches Porträt etwa, erblicken,
und die Tapete darunter zeigt in beleidigender Farben-
zusammenstellung ein schlecht nachempfundenes Rokoko-
muster. Ein Verlegenheitsausweg war die sogenannte
stilvolle Ausstattung, die wir dem Geschmack einzelner
Künstler für malerische Raritäten verdanken, und die sehr
bald in Massen ohne jede Feinheit und innere Echtheit
hergestellt wurde, so daß sie glücklich in Mißkredit geraten
ist. Ein Verlegenheitsausweg ist aber auch jener Exotismus,
der in Wien, München, Berlin arabische oder japanische
Interieurs schafft. Selbst das bekannte „englische Zimmer",

das jetzt überhand nimmt, kann für uns auf dem Kontinent doch nur als Behelf bezeichnet werden, zu dem man freilich greifen muß, da unser heimisches Kunstgewerbe noch immer kopierend zwischen den Stilen der Vergangenheit herumtappt und aus sich selber nichts Nennenswertes erzeugt.

Kunstgewerbe — da steht das Wort, das überwunden werden soll. An seiner Stelle haben die Engländer das bessere Wort applied art, angewandte Kunst, und eine groß angelegte deutsche Zeitschrift, die soeben zu erscheinen beginnt und der neuen Bewegung bei uns dienen will, nennt sich „Dekorative Kunst".*) Im ersten Hefte dieses Blattes finden sich neben Architekturteilen Web= teppiche, Lampen, Zimmerfriese, Kattunmuster, Gefäße aller Art, Stickereien, Glasfenster, Möbel, Marmorsärge abgebildet, und man wird nur vor wenigen dieser Gegen= stände zögern, ihnen absoluten künstlerischen Wert zuzu= erkennen, gleichviel, ob sie den Namen hervorragender Künstler, wie Morris, Burne Jones, E. M. Geyger, Otto Eckmann, van de Velde, oder eine gewerbliche Firma, wie Tiffany, S. Benson, J. Powell und Sons, als Er= zeuger nennen. Das ist es, worauf man hinaus will. Man will von der Kunst aus das Gewerbe so völlig durchdringen, daß nicht mehr das Mittelding Kunst= gewerbe entsteht, sondern eine neue Gattung Kunst, der

---

*) Dekorative Kunst. Zeitschrift für angewandte Kunst. Herausgegeben von H. Bruckmann in München und J. Meier-Graefe in Paris.

nichts Gewerbliches in üblem Sinne mehr anhaftet. Eine
große Anzahl von Künstlern, und darunter Begabungen
von sehr hohem Range, haben sich, zuerst in England
und Belgien, dann in den Nordländern und schließlich
auch in Deutschland gefragt, ob es nicht wertvoller und
im Interesse der Kunst selber wünschenswerter sei, die
ihnen gewordene Gabe der schönen Form und Farbe in
den Dienst der ästhetischen Bedürfnisse des praktischen
Lebens zu stellen, als unablässig Staffeleibilder zu malen
oder Statuen zu modellieren. Sie haben sich darauf be=
sonnen, daß es die Aufgabe der Kunst nicht bloß sein
kann, lyrische Stimmungen, phantastische Eingebungen,
anekdotische oder historische Begebenheiten, schöne Natur=
eindrücke wiederzugeben, sondern daß es gilt, das Leben
selbst und zwar möglichst in allen seinen Teilen zu schmücken.
Sie haben sich gesagt, daß die bildende Kunst in erster
Linie keineswegs eine quasi litterarische, sondern vielmehr
eine dekorative Aufgabe hat. Statt auf gut Glück einen
Sonnenuntergang oder eine badende Nymphe oder einen
König Heinrich in Canossa oder was immer zu malen —
Bilder, von denen sie nicht einmal wissen können, ob sie
an dem Ort, wohin sie der glückliche Zufall des Verkaufs
verschlägt, auch wirken werden — wollen sie nun lieber daran
gehen, die Oede oder den falschen Prunk unserer Woh=
nungen mit künstlerisch hergestellten Gebrauchsgegenständen
zu erfüllen. Die Maler setzen sich hin und zeichnen
Tapeten, entwerfen Stickmuster, zeichnen Stühle, Tische,

Schränke, Gläser, Vasen; sie treten mit Industriellen und Handwerkern der betreffenden Gebiete in Verbindung und lernen geschickte Metallarbeiter, Töpfer, Glasbläser, Tischler u. s. w. an, um diese zu befähigen, unter ihrer Leitung Möbel, Beschläge dafür, Blumenvasen, Trink= geschirre u. s. w. herzustellen. In England sitzen Künstler und Handwerker, miteinander und voneinander lernend, zusammen auf der Schulbank, und in Belgien hat sich unter dem Einfluß von hervorragenden Künstlern bereits ein Stamm von Handwerkern gebildet, der mit eigenem Verständnis künstlerisch auf jede künstlerische Intention einzugehen versteht.

Was dieser Bewegung das neue Gepräge verleiht, ist einmal der Umstand, daß diese Thätigkeit nicht mehr als Nebensache, sondern direkt als Lebensaufgabe betrachtet und betrieben wird, und dann die bewußte Unterwerfung unter die Bedingungen eines bestimmten Zweckes. „Ich dien'" muß das stolz=bescheidene Wappenwort dieser Künstler sein, die sich wahrhaftig nicht herabsetzen, indem sie dem Leben ihr ästhetisches Gepräge geben. Sie dienen im Grunde dem Höchsten, das der einzelne Mensch und die ganze Menschheit erreichen kann: der Harmonie. Sie wollen nicht mehr aus einem Stück Leinewand, sondern aus unserem ganzen Leben in seinen Aeußerlichkeiten ein Kunstwerk machen. Sie wollen unsere Umwelt in dem Geiste ausschmücken, der uns moderne Menschen heute innerlich erfüllt. Sie wollen unserem heutigen Sinne erst die Heimat gründen, indem sie sie uns wohnlich machen. Wir sollen nicht mehr in fremden Formen wohnen, sondern in solchen, die unserem Wesen ästhetisch gemäß sind. Selbst die geringsten Geräte wollen sie uns adeln, indem sie ihnen den Schönheitsstempel geben, der ein Ausdruck unserer Kultur ist.

Es soll vertraut und fröhlich um uns werden in Farben, Formen und Linien, auf die wir nicht wie auf schöne Erinnerungen und Reliquien von früher her mit einem Gemisch von Hochachtung und Selbstbedauern blicken oder an denen wir gleichgiltig vorübergehen, weil sie leer und nüchtern sind. An allem soll der Seelenhauch künstlerisch schaffender Liebe haften. Alles soll den schönen Mühefleiß einer ästhetisch begabten Persönlichkeit zeigen, in allem sollen wir etwas von der Blüte unserer heutigen, wachen Zeit erblicken. Wir sollen nicht mehr ins Museum gehen müssen, um das Schöne zu sehen. Dies sei immer um uns und auch im Kleinsten. Im Museum mögen uns dann, wie den Frommen, der ja auch zu Hause fromm ist, in der Kirche, die großen Erhebungen erwarten, vor die wir dann wohl auch besser vorbereitet treten werden, als heute, wo der Abstand zwischen dem gewohnten Milieu und dieser Schönheit etwas bedenklich groß ist. Wir werden deshalb nicht, wie die Heißsporne der dekorativen Kunst im Ueberschwange ihrer Hingabe an dieses große Ziel der ästhetischen Renaissance des modernen Lebens meinen, aufhören, uns, wenn es unser Portemonnaie erlaubt, Bilder

und Statuen zu kaufen; wir werden sie vielmehr als
Kleinodien erst recht schätzen können, wenn wir im Stande
sind, ihnen mit Hilfe der dekorativen Kunst die rechte,
würdige Fassung zu geben. Uebrigens fehlt es zum Glück
unter den dekorativen Künstlern auch nicht an solchen, die,
wie Peter Behrens, neben den reinen Gebrauchskunstwerken
auch solche schaffen, die lediglich als Schmuck gedacht sind,
und es ist besonders erfreulich, daß sie dabei die graphischen
Techniken, wie den farbigen Holzschnitt und die farbige
Lithographie, bevorzugen, deren Erzeugnisse auch für den
weniger Bemittelten erschwinglich sind.

Darauf muß diese schöne Bewegung überhaupt hin-
gelenkt werden: Daß sie nicht bloß an die reichen Leute
denkt. Für diese bleibt immer noch genug übrig bei einer
Kunst, die nicht bloß mit edlen Formen arbeitet, sondern
auch dem edlen Materiale sein Bestes abzugewinnen versteht.

Aber wenn auch fürs erste die dekorative Kunst einen
Luxuscharakter behält, in einem wichtigen Punkte wird sie
sogleich von heilsamstem sozialen Erfolge sein: sie wird
das Künstlerproletariat verringern. Die vielen Tausende
von künstlerischen Begabungen, die nicht im Stande sind,
mit ihren gemalten oder modellierten Bildwerken die Kauf-
lust der kaufkräftigen Kreise zu erregen, werden hier, wenn
anders sie nicht an jenem Künstlerwahn kranken, der alles,
was nicht „hohe Kunst" ist, als Handwerk mißachtet, ein
Feld finden, auf dem für viele Tausende geschickter Hände
Platz und fruchtbringende Arbeit ist. Mancher, der als

Bildermaler nur mittelmäßiges hervorbringt, wird sein Maß von Farben= und Formensinn mit Erfolg in den Dienst der dekorativen Kunst stellen können, und viele Talente werden ihren Wert erst erkennen, wenn sie sich Aufgaben zu einem bestimmten dekorativen Zwecke stellen. Denn gerade für die kleinen Begabungen ist der Zweck ein wunderbarer Führer. Er zieht die Grenzen, die der unberatene, auf Akademieen erst recht irregeleitete Trieb gerne übersieht.

Vielleicht wird es zu den nächsten Erscheinungen der dekorativen Bewegung gehören, daß sich die Akademieen leeren, und daß dafür praktische Schulen für angewandte Kunst im wirklich künstlerischen Sinne erstehen, auf denen nicht bloß der künstlerische Kopf, sondern auch die geschickte Hand praktisch ästhetischen Zwecken entgegengeführt wird. Es kann uns nichts schaden, wenn der Bildermaler weniger werden, denn dann lacht auch die köstliche Perspektive, daß die großen Kunstausstellungen um einen guten Ruck in sich zusammensinken.

Der Kunstmäzen.

 Sieh den kunstergebenen Herrn,
Fortgeschritten und modern!
An den Wänden: Thoma, Klinger,
Stuck, Rops, Goya, Stauffer-Bern,
Und die neuesten Meister-Singer
Kennt er, kauft er, liest er gern!

Gut, gut, gut. Ich weiß es schon.
Leider — spricht er auch davon.

Gesang der ganz Neuen.

Wir wühlen in allen Gerüchen,
Wir kochen nach allen Küchen,
Wir tanzen auf jedem Seil,
Wir kranken an allen Kränken,
Wir trinken in allen Schänken,
Wo irgend nur ein guter Wein, ein alter oder junger, feil.

Klug sind wir aus der Maßen,
Die allerfeinsten Nasen,
Die stehn uns im Gesicht;

Beſeſſen ſind wir heute,
Und morgen blaſierte Leute,
Was übermorgen kommen wird, das wiſſen wir ſelber nicht.

„Mittageſſen".
(Berliner Erinnerung.)

Um einen großen Tiſch
Sind wir herumgeſeſſen
Und haben ausgezeichnet
Getrunken und gegeſſen;
Geiſtreiche Leute waren auch dabei.
Weiß Gott, da konnte man merken,
Was Witz und Bosheit ſei.
Zu Suppe, Braten, Fiſch, Kompot,
Salat und ſüßer Speiſe
Maultrommelte Kritik und Spott,
Es reimte Teufel ſich auf Gott
In dieſer muntern Weiſe.

Von der Suppe bis zum Schnapſe
Saß ich ſprachlos da,
Wie getroffen vom Collapſe,
Wußte nicht, wie mir geſchah.
Tournedos, Kaviar, Lampreten,
Rindfleiſch à la Bordelaiſ',
Stilton=, Schweizer=, Cheſterkäs,
Und dazwiſchen immer Reden!:

Bismarck, Harden, Stinde, Goethe,
Wagner, Bungert, Dahn, Homer,
Fledermaus und Zauberflöte,
Ludolf Waldmann, Meyerbeer;
China, Japan, Böcklin, Thumann,
Thoma, Werner, Stuck und Knaus,
Johann, Eduard, Richard Strauß,
Kaiser Wilhelm, Robert Schumann . . .
Mahlzeit! Mahlzeit!! Laßt's mi aus!!!

Vom „modernen Menschen".

Ein Brief des Herrn Pankrazius Graunzer an Otto Julius Bierbaum.

Lieber Vetter und Bruder!

Du haft mir eine anfehnliche Freude bereitet, indem Du mir die allerlei Meinungen fandteft, die über meine Freiersfahrten und Freiersmeinungen laut geworden find. Dem Himmel fei Dank: ich bin nicht gar übel dabei weggekommen. Ja, ich fühle mich faft ein bißchen geniert, wenn ich all die guten Sachen lefe, die man über mich gefagt hat. Für was Miferables habe ich mich ja gottlob nie gehalten, fondern ich bin immer der Meinung gewefen, daß ich immerhin mit paffieren könnte, aber das nun auch in Zeitungen gedruckt zu lefen, es fchriftlich zu kriegen, das war mir doch immerhin eine Ueberrafchung, und keine fchlechte.

      Es ift das Lob ein gutes Kraut

      Für einen Magen, der Tadel verdaut.

Woraus Du erfehen magft, daß ich auch den mit unterlaufenden Tadel rechtfchaffen mit eingenommen habe.

Ja, ich habe mich mit ihm fogar eingehender befchäftigt als mit dem Lobe. Denn zu dem konnte ich ehrlicherweife doch bloß placet fagen. Einen Tadel aber, den dreht man fchon ein paarmal in der Hand herum und fieht ihn fich von allen Seiten recht väterlich wohlwollend an. Nicht fo, als ob man gleich fagen wollte: „Junger Mann, feien Sie nicht fürwitzig", aber man hat doch fo ein bißchen die Empfindung: „Nun warten Sie bloß ein Weilchen, Sie ftrenger Herr, ich werde Ihnen gleich die Nafe putzen". Das ift bloß menfchlich, und ich glaube nicht recht an die Aufrichtigkeit der Leute, die fich für jeden Tadel mit feuchtem Augenaufschlag bedanken oder wohl gar fagen: „Ich wills gewiß nicht wieder thun" (scilicet: wenn Sie mich ein andermal loben wollen). Nein, es muckt immer etwas auf in uns, wenn uns einer Vorhaltungen macht. Entweder finden wir fie ganz falfch, und dann werden wir inwendig wild und fühlen uns fehr gekränkt, oder wir finden fie richtig, und dann haben wir das felber fchon lange gewußt und finden es impertinent, daß der andere fich einbildet, er fagte uns was neues. Sehr übel aber ift es, wenn wir nicht recht wiffen, ob der Tadel= künder recht hat oder nicht. Das ift ein infames Gefühl. Man kommt aus dem Gefüge dabei. Es ift einem zu= mute, als wäre man ein Faß, an dem ein Reifen locker ift. Diefe Art Ausfetzungen, die die unangenehmften find, find zugleich die nützlichften. Sie fördern entfchieden in Erkenntnis, gleichviel, wer fchließlich recht behält.

※ Ein solcher förderlicher Tadel ist mir der gewesen, der da sagt: Dieser gute Herr Pankrazius Graunzer ist ein ganz amüsanter Bursche, eine absonderlich interessante Person, aber er ist kein moderner Mensch.

※ Hm. Kein moderner Mensch. Ganz recht. Das hab ich mir auch schon manchmal gesagt. Deshalb bin ich auch nicht Reserveoffizier geworden. Deshalb wohne ich auf dem Lande. Deshalb hab ich mir eine Frau genommen, die nicht einmal die höhere Bürgerschule besucht hat. Deshalb les ich lieber Wilhelm Busch als Laura Marholm. Deshalb mach ich zuweilen Verse uud bin zuweilen sentimental. Deshalb begreife ich nicht, wie man Gerhard Hauptmann und Goethe in einem Atem nennen kann, ohne sich Sünden zu fürchten. Deshalb graut mir vor allen Schlagworten. Und ich könnte noch ein paar Seiten mit derlei Deshalbs füllen.

※ Also, das ist ganz richtig: ich bin in dem Sinne, wie man das Wort heute anwendet, kein moderner Mensch. Im Gegenteil: ich bin herzlich altmodisch und freue mich dessen.

※ Aber ich begreife nicht, warum ich gerade deshalb nicht für voll zählen soll. Ich empfinde den Mangel an Modernität nicht als einen menschlichen Defekt. Es will mir vielmehr scheinen, als ob ich vor den modernen Menschen manches voraus hätte im Menschlichen, vorausgesetzt, daß das Menschliche nicht notwendig das Kranke ist. So habe ich z. B. die Gabe des herzhaften Lachens

6

und vermag mich an unbedeutenden Dingen zu freuen,
z. B. wenn ein hübsches unschuldiges Ding einen Blick
auf mich fallen läßt, so ein zweibeiniges Ding, das mich
vielleicht gar nichts angeht, oder wenn ein Bauernmädchen
ein Lied singt, ein Lied, das vielleicht gar nicht schön ist.
Auch kann ich mich noch so fabelhaft ärgern, wo die
modernen Menschen erhaben sind und resignieren. Und
schließlich: ich fühle mich ganz und gar nicht als „Märtyrer
einer Uebergangszeit", als eine „Brücke zum Uebermenschen",
als „Dünger für die Kultur der Zukunft". Nein, so un-
verschämt das klingt, ich fühle mich bloß als mich ohne
jede notwendige Beziehung zu den kommenden Dingen und
Leuten, denen ich übrigens alles Gute und Schöne wünsche.
Viel mehr Beziehungen fühle ich, und häufig mit Dankbarkeit, zu dem Vergangenen, und je näher und stärker ich
in dieses Gefühl des großen Alten komme, um so wohn-
licher fühl' ich mich in ihm. Ich wünschte nur, ich käme
recht tief hinein, und deshalb pflege ich alles, was mich
zum Verstehen und fühlenden Begreifen der Vergangenheit
führt, wobei ich allerdings weniger an die Assyrer, Aegypter,
Römer und Griechen, als an die Menschen der deutschen
Vergangenheit denke und auch da nicht just an Cherusker
und Teutonen, sondern kaum viel hinter Luther zurück.
Allerdings möcht ich darüber das Verständnis für die
Gegenwart nicht verlieren, aber ich glaube gerade, daß
ich das erst recht innig haben werde, wenn ich immer
enger mit dem verbunden bin, woraus schließlich diese

Gegenwart geworden iſt. Ich will mich gewiß nicht über die Naſen moquieren, die allbereits die Atmoſphäre der Zukunft zu ſaugen vermeinen. Aber, nicht wahr, meine beſcheidene Naſe müßt ihr deswegen nicht gleich einen Moder=Rüſſel ſchimpfen.

Uebrigens, was heißt das eigentlich: Moderner Menſch. Wenn ich es mir recht überlege, ſo heißt es meiſtenteils nicht gar viel. Man will, wenn man jemandem dies Prädikat verleiht, zumeiſt wohl ſagen: der Mann gehört zu uns; er lieſt unſere Bücher; er findet unſere Bilder gut; er bewundert unſere Erfindungen; er fühlt ſich wohl in unſerer Geſellſchaft. Nun ja: inſoferne bin ich zu= weilen auch ein moderner Menſch. Aber es ſcheint juſt darin zu liegen, daß ſich einer immer im Modernen wohl= fühlt. Und damit kann ich freilich nicht dienen. Ich tauche gerne auch im Geweſenen unter — woferne es noch Leben hat. Und ich muß es Dir offen geſtehen: ich glaube, daß das zu meinem geiſtigen Wohlbefinden weſentlich bei= trägt und mich erſt hinreichend geſund dazu macht, hie und da im Modernen zu luſtwandeln. Immer dieſe Luft voll Bakterien und Zerſetzungskeimen zu atmen, immer mit zu kankanieren in dieſem verwurſtelten Hin und Her zwiſchen allerlei Süchten und Reſignationen, dazu fehlt es mir an der nötigen Nervenkonſtitution. Auch kommt es mir vor, als wäre das bei all der Maſſe von Abwechs= lungen, die uns der Tag bietet, eigentlich eine recht kümmerliche und enge Lebensbethätigung. Mein Vater=

land muß größer sein. Ich kriege einfach nicht genug, wenn ich mich bloß an das halte, was heute wächst. Junger Wein ist ein gut Ding, und ich verachte sein Prickeln wahrhaftig nicht, aber ich lasse es mir nicht nehmen, mich auch am alten manchmal zu berauschen und das in mich fließen zu lassen, was frühere Sonne reifte und das Alter stark machte. Nihil humani alienum a me puto, ich getraue mich das zu behaupten und halte dafür, daß, wer sich aufs Moderne beschränkt, ein interessanter Krüppel ist.

Geradezu gefährlich erscheint mir die Forderung, die man heutzutage zuweilen vernehmen kann, die Forderung an die Herren Dichter, sie sollten sich um Himmelswillen nicht von den alten Dingen und Menschen verleiten lassen, sondern stramm bei der Stange des Modernen bleiben und, vor allem, sich den modernen Menschen zum Thema wählen. Ich halte diese Forderung direkt für ruchlos und hoffe zu meinen Göttern, daß die Dichter musischen Instinkt genug haben, sich nicht daran zu kehren. Das Poetische ist eine rein menschliche Angelegenheit. Im allgemeinen kann man sagen, daß eine Erscheinung an poetischem Gehalte verliert, wenn sie spezifisch modernen Karakter hat. Denn dem Poetischen, weil es ja gestaltete Sehnsucht ist (selbst, wenn es sich realistisch giebt; man fühle nur tiefer), muß immer ein Zug des Allgemeingiltigen eigen sein. Das spezifisch Moderne, Taggiltige, hindert immer am poetischen Genuß. Ich wenigstens muß die

modernen poetischen Gestalten immer erst ausziehen, um
auf den poetischen Kern zu kommen, und ich begreife
nicht, wie Nebensächlichkeiten, im Aeußerlichen und Inner=
lichen, dazu dienen sollen, mir ein poetisches Empfinden
vertrauter zu machen. Man sagt: dieser ringende Dienst=
mann in dem oder jenem Drama steht uns näher als der
gefesselte Prometheus, und deshalb wirkt er intensiver. Ich
kann das nicht finden. Ich empfinde immer nur den
Dichter und nicht seine Gestalten, und ist der Dichter ein
mächtiger Künstler, so bleibt es sich mir ganz gleich, ob
er sich mit einem Dienstmann oder einem Heros abgiebt.
Und auch der Dichter muß nicht bloß ein moderner
Mensch sein, sondern ein ganzer Mensch — wenigstens
wenn er dichtet. Aber just das scheint selten zu werden.
Die Dichter thun sich eher etwas darauf zugute, daß man
immer merken muß: der Mann ist von heute. Aber, meine
Lieben, das hat höchstens Interesse für euere zukünftigen
Historiker. Die haben allerdings einige Ursache, sich eurer
Modernität zu freuen, denn das fördert ihre Kenntnis
vom Ausgang des XIX. Jahrhunderts. Wir aber wünschen
von euch wesentlich mehr zu erfahren. Der Umstand, daß
ihr zwischen 1860 und 1880 geboren seid, ist uns
bekannt, und auch die heutige Zeit kennen wir zur Genüge.
Ihr sollt uns zeigen, wie sich die Welt in eurer Seele
spiegelt, wißt ihr: die Welt, die nicht bloß von heute ist.
Und, wie ich schon anzudeuten versuchte: eure Seele, und
was für ein Bild sie giebt, das ist uns die Hauptsache.

Vielleicht ist das Bild objektiv sehr falsch, z. B. wenn der Dichter verliebt ist und alles mit farbigen Rändern sieht und mit dem Parfum seiner Geliebten in der Nase behauptet, die Welt röche nach Rosen. Wenn er aber ein Künstler und Hexenmeister ist, wenn er uns arme Staubschlucker anzublasen versteht mit so einem mächtigen, zwingenden, freimachenden Seelenhauche, daß wir auch sehen, wie alles bunt in Glorienscheinen steht und wir auch glauben müssen, ein Wald von Rosen kränze die Welt — ei, so küssen wir ihm die Hände für seine göttliche Lüge und sind selig mit ihm wie die Hochzeitsgäste zu Kana, die im Wasser Wein tranken. Ob aber seine Geliebte, an der er sich zu so schönen Dingen berauschte, ein Kleid aus dem ersten Laden trägt oder ob sie sichs selber schneidern muß, der arme Käfer, das ist nicht von Belang. Beliebt es ihm, so mag er sie uns als grande dame malen oder in Arkadien unter Buchenzweigen wandeln lassen, durch die die Sonne grün-golden auf ihre freie Nacktheit fällt — wenn nur das eine oder das andere die Fülle der Empfindung nicht schwächt. Nenne er sie Phyllis oder Grete, lasse er sie reden wie Rosettis Seliges Fräulein oder wie Liliencron das Mädel seiner „Kleinen Reise" — alles gleichgiltig. Mythologisch oder real, antik oder modern — laßts mi aus! sagt der Münchner: menschlich echt muß die Sache sein.

Aber die Dichter sind wie die Maler. Ihnen gilt der neue Tric, und sie glauben, die Welt sei ein Litteraturcafé. Dort wird auch der moderne Mensch ausgeheckt, und die

Abſynthkaraffe nennt er ſeine Amme. Und auf dieſen modernen Menſchen, daß ichs nur geſtehe, habe ich einen rechtſchaffenen Zorn; ich möchte beinahe Wut ſagen. Ich habe mir für ihn eigens ein Wort gebildet, ſo ſcheußlich wie er ſelber: der Seuchling. Dieſe Leute, zumal wenn ſie in Romanen graſſieren, hauſieren ja förmlich mit ihren Krankheiten, und es ſcheint, ihr Jdeal, dem ſie gleich werden möchten, iſt ein recht ſchmieriger, ſchimmeladriger Gorgonzolakäs. Aber ſo was iſt doch keine Hauptmahlzeit, ſondern nur ein Nachtiſchbiſſen. In dieſer Eigenſchaft laſſ' ich mir den modernen Menſchen in Romanen auch ganz gerne gefallen, aber nur nicht als pièce de réſiſtance, wenn ich bitten darf. Ganz beſonders gräßlich iſt mir dieſe Art moderner Menſch in Verſen. Ich kann mir nicht helfen: der Vers iſt und bleibt mir ſo was wie ein geweihtes Gefäß, in das man durchaus kein Spülicht ſchütten darf. Es iſt Goldſchmiedearbeit, feinſtes Ciſelierwerk oder ſtarke, gerade große Schnißerei. Dazu muß der Jnhalt ſtimmen, und es war, glaube ich, ein Jrrtum eurer realiſtiſchen Phaſe, daß ihr glaubtet, es ließe ſich lyriſch alles ſagen, auch das Gemeine. Nein, es giebt da Grenzen, und die Lyrik ſtreikt euch einfach, wollt ihr ſie an den Düngerwagen ſpannen. Und alſo verſagt ſie ſich auch dem Geſpanndienſte, wenn ihr mit ihr jenes Monſtrum des profeſſionellen Seuchlings in das Land der Poeſie einſchmuggeln wollt. Seßt ihn verkehrt auf einen Eſel oder ein dürres Schwein und pritſcht ihn ins Land der Satire!

Es giebt eine Art von Versen, die nur halbwegs Verse sind; man nennt sie freie Rhythmen, und sie verdienen manchmal diesen Namen; zumeist aber sollte man sie Schlotterverse heißen, denn sie kommen mir häufig vor wie herunterrutschende Hosen an einem schlecht angezogenen Menschen. Diese Verse gönne ich dem „modernen Menschen", und ich habe ihn selbst darin kürzlich ein bißchen abgewandelt wie folgt:

Ich höre so viel vom „modernen Menschen" reden;
Sogar in Versen.

Freunde, mir scheint: das ist
Vom Uebel.

Redet mir, wenn ihr ihn kennt, vom Menschen
Der Zukunft;
Redet mir, wenn er euch Leben hat,
Vom Menschen der Vergangenheit;
Redet mir meinethalben vom Menschen
Von heute;
Aber den „modernen Menschen", meine Freunde,
Seid gut und stört uns nicht das bißchen Freude,
Das wir am Dichterischen dann und wann
Noch haben,
Den „modernen Menschen"
Laßt draußen.

Laßt ihn draußen, Freunde!
Laßt ihn in den Zeitungen,
Die seine Windeln und Hemden sind,
Laßt ihn in den Romanen,
Die wie die Drahtwalzen sind,
Vor denen der Kehricht der großen Städte nachts
In Staub und Stank sich wälzt,
Aber laßt ihn nicht in eure Verse,
In denen die Seele eures Landes, euer Edelstes,
Die Sprache,
Singen soll.

Und was ich euch noch sagen wollte!
Bildet euch doch nicht ein, daß es für einen Dichter
Ein großes Ding wäre, modern zu sein.

Für einen Kommis ist es ein großes Ding,
Modern zu sein.
Für eine Dame, die keine Frau und kein Mädchen,
Sondern bloß eine Dame ist,
Ist es ein großes Ding,
Modern zu sein.
Aber ein großes Ding für einen Dichter ist:
Die Schönheit lieben,
Ist:
Froher sein, als die dumpfe Zeit,
Ist:
Feiner sein als die plumpe Zeit,

Iſt:
Reiner und doch nicht ärmer ſein als die rußige Zeit.
Aber das Größeſte von allem iſt:
Euch ſelbſt zu ſchaffen als ein Bild
Des Menſchen
Eurer Zeit,
Doch ohne das Jämmerliche,
Das nicht wert iſt,
In goldenen Pokalen der Zukunft
Gebracht zu werden.

Das ſind die Schlotterverſe, mit denen ſich um Kopf und Kragen bei allen „modernen Menſchen“ geredet haben will   Dein alter Krazi.

Zuſchrift des Adreſſaten.

Gut gegraunzt, Graunzer. Aber es giebt mehr Nuancen im modernen Menſchen, als ſich Deine Seele von 1850 träumen läßt. Die aber, die Du im Sinne haſt, verdienen ſchlimmeres als Schlotterverſe.   O. J. B.

Der Alte beim Weine spricht:

Ich sitz in einem grünen Busch
Und trinke Wein,
Ein Finkenpaar läßt sich's im Husch
Hier gütlich sein.

Ziepiept und schlägt die Flügel sein —
— Jetzt ist es still . . .
Ich sitz im Busch und trinke Wein,
Komm, was da will!

Das Schiffermädel spricht:

Auf der fernen See ein Segel steht,
Mein Schatz ist auf der See;
Der Wind mir an die Beine weht,
Der Wind, der Wind von der See.

Blas ihn her zu mir, blas ihn schnell zu mir her,
Du Wind, du Wind auf der See;
Mein Herz ist so tief, so tief wie das Meer,
Und so stark wie der Wind auf der See.

Die Kranke spricht:

Ich fühle keinen Schmerz und bin doch krank;
Mir ist die Kraft genommen, ich bin leer.
Ich lebe ab, so wie ein Rad abläuft,
Das von der Feder, die es trieb und hielt,
Gelöst ward. — Ach, sie pflegen mich so lieb,
Und dennoch weiß ich's, balde ist's vorbei.
Und bin nicht traurig. Ruhe wird mein Teil,
Ich werde ruhig blüh'n in leichtem Wind,
Wie meine Blumen, die im Garten sind.

Ein Privatissimum vom Dichten.

Kürzlich besuchte mich ein junger Mann, der mir sein Vorhaben eröffnete, deutscher Dichter werden zu wollen, und mich, indem er einen Stoß beschriebenen Papiers aus seiner Brusttasche hervorholte, fragte, ob ich ihm nicht nach Prüfung dieser Manuskripte sagen wollte, ob er Talent genug habe, um dies Vorhaben ersprießlich auszuführen. Ich eröffnete ihm darauf meinerseits, daß ich zwar gerne bereit sei, ihm meine Meinung darüber zu sagen, ob seine Gedichte eine Begabung verraten oder nicht, daß ich damit aber um Gotteswillen seinen Entschluß nicht beeinflussen wolle. Er möge, ob mit oder ohne Talent, nur ja thun, wozu ihn der Geist treibe, und die Hauptsache sei lediglich die, daß er sich dabei wohl befinde. ✠✠ Der junge Mann war sehr erstaunt und glaubte, ich erlaubte mir ein Späßchen mit ihm. Ihm sei es sehr ernsthaft zu Mute, sagte er.

✠✠ Und nun mußte ich ihm freilich eine lange Rede halten, damit er merkte, wie auch mir ganz ernsthaft zu Mute war.

✠✠ Ich sagte ihm: Wenn Sie Schuhmacher werden wollen,

so müssen Sie dazu Geschick haben, denn es handelt sich
da um ein Geschäft, das Sie ernähren soll, und wenn
Sie schlechte Stiefel machen, so wird es Sie wahrscheinlich
nicht oder sehr mangelhaft ernähren. Wenn Sie aber
dichten wollen, so brauchen Sie kein Geschick zu haben;
es genügt schon, daß es Ihnen Spaß macht. Denn ein
Geschäft, das Sie ernähren könnte, ist das nicht.
Wenigstens hängt der brotbringende Erfolg nicht von
Ihrem Talent ab, wie das bei einem Geschäft in der
Hauptsache der Fall ist. Sie können z. B. mit sehr
schlechten Versen sehr viel Geld verdienen, wenn sie etwa
dermaßen schlecht sind, daß sie deshalb Aufsehen erregen.
Ein lehrreiches Beispiel dafür ist die Dichterin Friederike
Kempner. Aber sogar mit mittelmäßigen und selbst mit
ausgezeichneten Versen können Sie allerdings Geld ver-
dienen, wenn Ihnen sonst das Schicksal hold ist. Wenn
Sie z. B. eines Morgens mit einem ultramarinblauen
Barte erwachten, so würden Sie dadurch ein derartiges
Aufsehen erregen, daß alle Welt die Verse des Dichters
mit dem ultramarinblauen Barte kaufen würde. Es genügt
aber auch schon, daß Sie, der Sie ein Lyriker sind, mit
einem ganz schlechten Theaterstücke Erfolg hätten. Auch
das pflegt in der Leute Mund zu bringen. Und, sehen
Sie, darauf kommt es an. Man muß, gleichviel wodurch,
in der Leute Munde sein. Dann verdient man sogar mit
Lyrik Geld. Aber, nicht wahr, das hängt doch nicht von
der Lyrik ab!

◊◊ Da that der junge Mann seinen Mund auf und wollte etwas sagen. Ich aber ließ ihn nicht dazu kommen, sondern sprach:

◊◊ Ich weiß schon, was Sie sagen wollen. Sie meinen, es käme Ihnen natürlich gar nicht aufs Geldverdienen an. Die Lyrik sei Ihnen Herzensbedürfnis. Nun, sehen Sie: Das eben ist es ja. Das Stiefelmachen ist ein Geschäft, aber kein Herzensbedürfnis, die Lyrik aber ist ein Herzensbedürfnis und kein Geschäft. „Ich singe, wie der Vogel singt" 2c. Aber, mein Lieber: Fragt ein Vogel um Rat, ob er singen soll, ob er Talent hat? Nein! er singt. Der Rohrspatz wie die Nachtigall. Weil es ihm ein Trieb ist. Aber, wenn sie Mücken fangen, singen sie nicht. Sie trennen das Geschäft vom Vergnügen. Machen Sie's auch so.

◊◊ Da that der junge Mann wieder seinen Mund auf, und diesmal ließ ich ihn reden. Er sagte: Ja, das sei wohl wahr, aber er sei doch kein Vogel, sondern ein intelligenter Mensch und wenn ihm eine Autorität (ich lächelte bedeutsam) sagte: Es ist nichts mit Ihrer Lyrik, so werde er es eben bleiben lassen, denn man müsse seine Triebe bändigen, wenn sie fehl gingen. Wozu sei man denn ein denkendes Wesen?

◊◊ Worauf nun wieder ich: Sie mögen als Mensch ein denkendes Wesen sein, als Lyriker sind Sie in erster Linie etwas anderes. Der Lyriker nämlich, obzwar er nicht notwendig gedankenlos wie eine Grasmücke zu sein braucht,

ist in erster Linie von anderen Dingen abhängig als Ge=
danken. Die Lyrik ist ein sinnliches Vergnügen. Sie ist
im Grunde ein Trieb.

Und wenn Sie von einem Triebe besessen sind, wirklich
und rechtschaffen besessen, so bringt Sie kein kategorischer
Imperativ der Welt davon ab, ebensowenig, als Sie
jemand dadurch von einer Geliebten abbringt, daß er Ihnen
nachweist, sie sei häßlich, charakterlos und von schlechten
Sitten, vorausgesetzt eben, daß Sie nicht bloß eine Laune
zu dem Mädchen, sondern eine Leidenschaft haben. Genau
so mit der Lyrik. Und wenn ich Ihnen mit triftigsten
Gründen und mit poetischer Autorität nachwiese, daß Ihre
Lyrik ganz jämmerlich und elend sei, Sie würden doch
rastlos weiterdichten, wenn der Trieb in Ihnen steckt.
Und, wie gesagt, wenn es Ihnen Befriedigung gewährt,
so liegt kein Grund vor, Ihnen eine Beschäftigung zu
verekeln, die Ihnen Spaß und niemandem Verdruß macht.

Der junge Mann versank in Brüten, dann sagte er:
Das ist aber fürchterlich mit so einem Triebe. Da freut
man sich schließlich und hat gar kein Recht dazu.

Aber ich tröstete ihn. Ich sagte: Es kommt nicht auf
das Recht, sondern auf die Freude an. Aber vor einem
müssen Sie sich hüten! Treten Sie niemals mit der An=
maßung auf, Ihre Freude sei die einzig berechtigte.
Schimpfen Sie nie auf die Art der anderen. Sonst wird,
und mit Recht, auch auf Sie geschimpft.

Aber giebt es denn gar keinen Maßstab!« rief der junge

Mann. Kann man denn nirgends erkennen, was nun wirklich gut und was wirklich schlecht ist?

Worauf ich: Es ist schwer, aber freilich, man kann's. Denn man kann vergleichen. Man kann fühlen: Der sagt, was ich selber sagen will, besser. Und dann kann man an sich arbeiten. So wird man aus dem Triebmenschen ein Künstler. Und wenn die Stärke des Triebes darunter nicht leidet, so wird man sogar ein Dichter. Aber das muß man alles selber besorgen. Dazu hilft keine Autorität, keine Kritik. Und ein ganz großer Dichter ist erst der, der kein äußerliches Muster zum Vergleichen braucht, sondern aus der Vergleichung seines Wollens mit seinem Hervorgebrachten selber erkennt, was noch fehlt, und der aus der Kraft seines Triebes die Höhe seines Zieles ersieht und nun, nicht mehr bloß Triebmensch, sondern Schöpfer, aus seinem Triebe und dem erkannten Ziele die Mittel gewinnt, jenem und diesem genug zu thun. Das giebt dann die Gedichte, die wie ein Stück eigener Welt, wie Organismen wirken, die selber Leben sind und gar nicht mehr Kunst scheinen.

Da seufzte der junge Mann: Ach, das werde ich wohl nie können!

Dieser Seufzer rührte mich, denn ich fühlte, was in ihm steckte, und so sagte ich von Herzen meinen Spruch: Jetzt haben Sie gefühlt, was Ihnen bevorsteht, wenn der Trieb in Ihnen echt ist. Die Wollust der Kreaturen ist gemischt mit Bitterkeit! Sie werden Kämpfe erleben, im

7

Vergleiche mit denen eine unglückliche Liebe ein Faschings=
spaß ist. Ich möchte Ihnen fast wünschen, daß Sie nur
ein Dilettant wären. Denn ein Dichter ist, ehe er sich ganz
erkannt hat, das Unglückseligste, was die Erde hervorbringt,
aber etwas Lustigeres als einen rechtschaffenen Dilettanten
kann ich mir nicht denken.

☙☙ Der junge Mann war sehr ernst geworden. Schließlich
fragte er mich noch, ob es wohl auch in unserer Zeit
Dichter gäbe, bei denen aus klarer Trieb= und Zielerkenntnis
Gedichte entstünden, die ihnen selbst ungemischte Wollust
wären und anderen gültige Muster sein könnten.

☙☙ Ich habe ihm darauf geantwortet, daß ich in Deutsch=
land nur einen kenne: Richard Dehmel. Er sei zwar ein
gefährliches Muster, weil, wie die Erfahrung zeigt, die
Neigung bestehe, mehr seine Manier, als sein Wesen nach=
zuahmen, und ich möchte ihn jungen Poeten überhaupt
weniger in seiner Ganzheit als in einzelnen seiner Gedichte
empfehlen, aber er sei meiner Meinung nach durchaus der
erste in unserer lyrischen Kunst. Andere können ja anderer
Meinung sein und Frau Ambrosius oder Herrn Busse
dafür halten; ich habe nichts dagegen und gebe zu, daß
über Geschmäcker nicht zu streiten ist. Mir gelte Dehmel
als der erste, obwohl ich ihn mir gar nicht zum Muster
nehme. Ihn nachzuahmen, sei ein Unding, aber man könne
an einigen seiner Gedichte erkennen, was große lyrische
Kunst sei.

☙☙ Der junge Mann machte Miene, mich zu fragen, ob

ich ihm das nicht bündig klar machen könnte. Ich merkte
die Gefahr und wandte sie mit folgenden Worten ab:
Eine Definition dafür giebt es nicht. Man kann immer
nur am Besten, was ein großer Künstler hervorbringt,
zeigen, wie gerade an seiner Person das Große beschaffen
ist. Bei einem anderen ist es wieder, bis eben` auf die
vollkommene Größe, etwas ganz anderes. Diese Größe
selbst muß einmal empfunden werden können mit einem
gewissen Instinkt, aber die Empfindung muß die Prüfung
durch Vergleich aushalten. Sonst gehen persönliche
Neigungen, Zufälligkeiten von Temperaments= und Ge=
schmacksverwandtschaften mit uns durch. Am sichersten
ist die halb widerwillige Anerkennung. Wenn z. B. der
Dichter, der uns bezwingt, in Stoff oder Manier uns nicht
eigentlich zusagt; wenn er seine Persönlichkeit stärker in
den Vordergrund stellt, als uns lieb ist, die wir ja auch
Personen sind und nicht immer gerne Seelenausschnitte
als Weltbilder entgegennehmen, in denen wir zu verschwinden
haben; wenn seine Art, die Welt zu nehmen, der unseren
fremd ist. Dies alles trifft bei Richard Dehmel z. B.
häufig zu. Aber man zieht ihn trotzdem denen vor, mit
denen man vielleicht ein Herz und eine Seele ist. Denken
Sie z. B., daß sein neuestes Buch, das soeben erschienen
ist, zu einem großen Teile Gedichte enthält, die, steifleinen
zu reden, ein ehebrecherisches Verhältnis „behandeln". Dieser
„Stoff" wird vielen abscheulich sein. Aber kein Mensch
von künstlerischem Empfinden wird bei dem Genuß dieser

7*

Gedichte an das denken, was ihm an ihrem Untergrunde
abscheulich erscheint, sondern er wird nur die Schönheit
empfinden, die aus diesem Boden erwachsen ist. Hören
Sie z. B. dies freventliche Gedicht und fragen Sie sich,
ob hier nicht gerade das, was vielleicht auch Sie Frevel
heißen, das Schöne ist:

Mit heiligem Geist.

Liebe Mutter! mir träumte heute
von der Insel der seligen Leute.
Da saß auf einem Hügel der Au
eine nackte gekrönte Frau,
in ihrem Herzen stak ein Schwert,
aber sie lachte unversehrt.
Denn neben ihrem natürlichen Thron
stand ihr lieber großer Sohn;
in seinen Fingern, voll Sonnenglanz,
hing ein blutiger Dornenkranz.
Der begann sich mit grünen Spieren
und raschen Blüten zu verzieren;
und umringt von den seligen Leuten,
die sich an dem Wunder freuten,
suchte mir Er die Blumen aus
zu einem leuchtenden Osterstrauß.
Den umflocht er mit blauem Bande
von seiner Mutter Nachtgewande
und gab ihn mir und sprach dazu:
Sag deiner lieben Mutter du,

weil ihr auf Erden niemals wißt,
wann die Zeit erfüllet ist,
sollt ihr immer glauben und hoffen,
der Tag sei endlich eingetroffen.
Und bis einst jedes Weib gewinnt
den rechten Vater für ihr Kind,
soll jede Irrende die Treue
dem falschen brechen ohne Reue,
soll ihre Sehnsucht nicht verfluchen,
ihren Qualen den Heiland suchen
und seinen liebenden Gewalten
so Leib wie Seele offen halten.
Wenn das mit heiligem Geist geschehn,
wird sie selig auferstehn,
wie meine Mutter auferstand
mit Mir einst im gelobten Land.

Sie mögen aus diesem Gedichte auch ersehen, daß es keineswegs richtig ist, wenn man jetzt als neuestes lyrisches Gesetz die Forderung aufstellen will: Du sollst keine Gedanken haben. Ich selbst sagte Ihnen vorhin, daß der Urtrieb zum Lyrischen nichts mit dem Gehirn zu thun hat, aber es ist ganz verkehrt und ein wunderlicher logischer Lapsus, daraus zu folgern, daß Lyrik keine Gedanken vertrage. Sehen Sie: das kommt lediglich auf den Lyriker an. Hat er Geist, so wird auch seine Lyrik Geist haben, aber das ist freilich wahr, daß selbst großen Lyrikern das Gehirn gefährlich werden kann. Heine ist in manchen seiner Gedichte ein Beispiel dafür. Auch bei Richard Dehmel zeigt sich der Gedankenmensch manchmal mächtiger, als der Künstler, und dann giebt es verkrüppelte Gedichte, die einem weh thun. In seinem neuesten Werke sind deren aber nur ganz wenige. Dafür enthält es einige Stücke, die, ich muß schon das Wort brauchen: höchst geistreich sind und dies in einer recht lyrischen Form, die alles Geistreiche auszuschließen scheint. So die Kindergedichte: da sind Sachen darunter, die in der Art, wie sie aus der Perspektive des Kindes einen Blick über die Welt geben, das Unglaublichste leisten. Hören Sie:

Die Reise.

Tipp, tapp, Stuhlbein,
hü, du sollst mein Pferdchen sein!
Klipp, klapp, Hutsche,
du bist meine Kutsche,
wutsch!

Wipp, wapp, zu langsam,
hott, wir fahren Eisenbahn!
Alle meine Pferde,
um die ganze Erde,
rutsch!

Tipp, tapp, zipp, zapp,
halt, wann geht das Luftschiff ab!
Fertig, Kinder, eingestiegen,
wollen in den Himmel fliegen,
futsch!

Das Ding kann in jeder Kinderstube gesummt werden, und, nicht wahr, es liegt dabei ein gutes Stück „Philosophie zur Geschichte der Menschheit" darin. Diese Sachen bewundere ich an Dehmel am höchsten. Er wäre überhaupt nicht der große Dichter, der er ist, wenn er bloß die eine Saite hätte, die ihm am geläufigsten ist, die Saite des mystisch Antönenden, die den jungen Dichtern so sehr imponiert, daß sie sie sich eiligst auf die eigene Fiedel spannen. Da ist einige Paganini=Virtuosität dabei, wenngleich der Wert dieser dunklen Sachen in der Echtheit ihrer Tiefe liegt. Hören Sie dies kleine Nocturno auf der Dehmel=Saite:

Am Ufer.

Die Welt verstummt, dein Blut erklingt,
in seinen hellen Abgrund sinkt
der ferne Tag,
er schaudert nicht; die Glut umschlingt
das höchste Land, im Meere ringt
die ferne Nacht,
sie zaudert nicht; der Flut entspringt
ein Sternchen, deine Seele trinkt
das ewige Licht.

Hier will mich die Virtuosität fast stören. Aber nein: sie ist hier nötig. Und dies lassen Sie sich bei dieser Gelegenheit auch sagen: In den Händen eines wirklichen Künstlers, der nicht blos Virtuos ist, wird selbst das Kunststück zur Kunst, und es ist nicht wahr, daß es

Abnahme der großen Kraft bedeuten muß, wenn ein
Künstler mal Kunststücke macht. Im zweiten Teile des
Faust finden Sie eine ganze Anzahl solcher Kunststücke,
die Kunstwerke sind. Mir freilich ist ein einfaches Abend-
lied lieber, als alle noch so einbannenden Nachtstücke.
Aber das ist eben Sache der persönlichen Neigung, und
man soll sich davor hüten, daraus ein Kriterium zu
machen. Hören sollen Sie aber doch das Lied, das ich
über alles in diesem Buche liebe:

Die stille Stadt.

Liegt eine Stadt im Thale,
  ein blasser Tag vergeht;
es wird nicht lange dauern mehr,
  bis weder Mond noch Sterne,
  nur Nacht am Himmel steht.

Von allen Bergen drücken
  Nebel auf die Stadt;
es dringt kein Dach, kein Hof noch Haus,
kein Laut aus ihrem Rauch heraus,
  kaum Türme noch und Brücken.

Doch als den Wandrer graute,
Da ging ein Lichtlein auf im Grund,
  und aus dem Rauch und Nebel
  begann ein leiser Lobgesang
    aus Kindermund.

Nicht wahr, das ist doch ein Lied, und ich denke, Sie haben, wie ich es vorlas, gar nicht bemerkt, daß es aus ganz unregelmäßigen Strophen besteht. Das ist auch etwas Merkwürdiges an Dehmels Kunst, wie er mit den alten lyrischen Formen oft so willkürlich umspringt und doch Wirkungen erzielt, als sänge er in alten Weisen. Das macht: er hat die große Melodie, die der alten Tabulaturen, gegen die ich übrigens nichts gesagt haben will, denn sie bleiben immer schön, nicht bedarf. Darüber wäre nun noch recht viel zu sagen, aber es ist besser, Sie lesen sich das selber aus dem Buche. Aber Sie müssen sich's laut lesen. Sie haben keine Papierlyrik vor sich. Richtige Lyrik erfordert überhaupt immer sinnlichen Klang. Denn sie gehört ja nicht bloß der Litteratur, sondern auch der Musik an. Sonst wären die bald langen, bald kurzen Zeilen ja bloß Typographie.

Der junge Mann hatte mich, aber besonders während ich die Gedichte las, aufmerksam angehört. Als ich fertig war, schwieg er eine Weile, dann sagte er:

Ich merke, daß Sie recht haben: Man kann das Lyrisch-Künstlerische nicht definieren. Ich hatte mir's immer ganz anders vorgestellt als wie bei Dehmel, und ich weiß auch, daß es anders sein kann, denn ich denke an Gedichte von Liliencron, von Loris, von Ihnen, und doch hab ich's auch hier gefunden, und zwar so stark, daß ich fast meinen möchte, hier sei das Eigentliche.

Das gefiel mir an dem jungen Mann, und deshalb gab

ich ihm noch den Leitspruch aus Dehmels „Weib und Welt"
mit auf den Weg:

> Erst wenn der Geist von jedem Zweck genesen
> Und nichts mehr wissen will als seine Triebe,
> Dann offenbart sich ihm das weise Wesen
> Verliebter Thorheit und der großen Liebe.

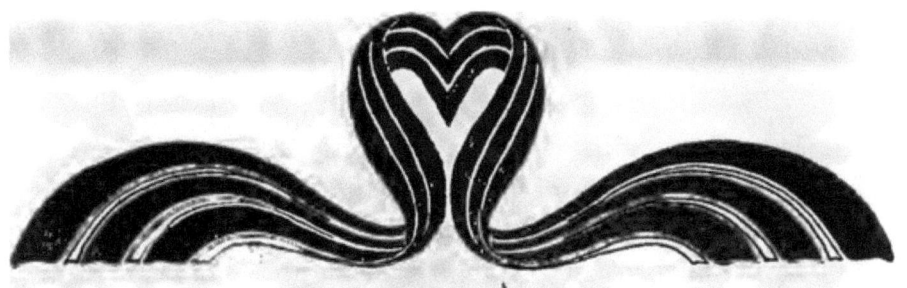

Brautführer Tod.

Der Bräutigam:

⚏ Ich lese Lieder aus fremden Seelen, aber alle Lieder künden mir nur Dich und Deine Seele.

⚏ Und über Wiesen schau ich und tausende Blumen, aber überall seh ich nur Dich und die Blume Deiner Schönheit.

⚏ Komm, o komm, Du meiner Seele lebendiges Gedicht, Du meiner Seele atmende Blume, komm! Komm, Du mein Leben!

⚏ Wie Du so bebst! Gieb, gieb mir Deine Hand! Ich habe mich so sehr nach Dir gesehnt, und wie Du kamst, bin ich erschrocken.

Die Braut:

⚏ Ich habe mich nach Dir so bang gesehnt; nun bin ich froh.

⚏ Mir war's, mich führte Wer zu Dir, und Einer spräche leis an meinem Ohr: Geh hin, geh hin, heut überschattet Dich an seiner Brust das tiefe, tiefe Glück, in dem der Sonne Aufgang ist und Niedergang!

⚏ Und mir war bange, da ich zu Dir ging.

⚏ Nun bin ich froh.

Der Brautführer:

Sterne führ ich einander zu im Kreislauf geketteter Ewigkeiten und bin im Aneinanderflügeln des Mückentanzes.

Von meinem Atem getragen fliegen die Samenstäubchen aus Blütennarben in Blütenkelche, und was ich raune, bebt im Herzen der Braut und läßt die Brust des Bräutigams drängend gehn.

Wohin ich führe, braucht Ihr nicht zu fragen. Fühlt Euch, so fühlt Ihr mich.

Ich segne Euch.

Licht.

Ich lag in Trübsinns Klammer
In dicht verschloss'ner Kammer,
Nacht war es um mich her.
Nur auf der Fensterschwelle
Lag breit ein Streifen Helle,
Als wär von Lichte draußen groß ein Meer.

Da sprach eine Stimme:
Das Licht liegt auf der Schwelle,
Da draußen ist es helle,
Soll's bei Dir dunkel sein?
Mach auf, mach auf den Laden,
Und sieh, in Schwall und Schwaden
Fließt Dir das Licht in Aug und Seele ein.

Da schloß ich die Augen:

Ich will das Licht nicht haben,
Ich fühle mich begraben
In eine tiefe Nacht;
Was ich genoß im Lichte,
Das ward in mir zunichte,
Mir hat ein Schmerz die Seele blind gemacht.

Da sprang der Laden auf:

Rot drang's durch meine Lider,
In alle meine Glieder
Floß es wie heißer Wein.
Soll ich es wirklich wagen,
Die Augen aufzuschlagen!
Soll ich dem Licht noch einmal gläubig sein!

Da gingen mir die Augen auf:

Die mir im Herzen saßen,
Trübsinn und Gram, zerblasen
Wie Nebel vor dem Wind,
Verwehten vor der Helle;
Der Sonne sandt ich schnelle
Rußhände lachend wie ein frohes Kind.

Künstlers Zeitungswallen.

(Ein Rückblick auf die Entwickelung des Boecklinschen Ruhmes in vier Briefen einer Redaktion. Bei Gelegenheit der Feier seines 70. Geburtstages.)

I.

(Ende der sechziger Jahre.)

Geehrter Herr Doktor!

Sie wollen sich wohl einen Scherz mit uns erlauben! Aber — Ihren Witz in allen Ehren! — Sie müssen uns doch ein wenig mehr Vertrautheit mit der Kunst unserer Tage zutrauen. Sie preisen in einem Artikel, der gut drei ganze Spalten unseres Feuilletons in Anspruch nehmen würde, die „Malereien" eines Herrn an, von dessen Leistungen uns nur die eine (verbürgte!) Thatsache bekannt ist, daß der Diener eines schweizerischen Kunstvereins, dessen Leitung ihre Ausstellung abgelehnt hatte, sich geweigert hat, sie einzupacken, weil sie selbst ihm zu „wüescht" erschienen sind. Nein, geehrter Herr, derlei nicht einmal am 1. April! Im übrigen werden Sie uns immer bereit finden, Arbeiten Ihrer von uns sehr geschätzten Feder zu veröffentlichen, insofern sie sich mit Dingen von Wert befassen.

Ihre ergebenste
Redaktion des . . . .

II.

(Ende der ſiebziger Jahre.)

Geehrter Herr!

Wie wir die Kühnheit des Herrn Boecklin bewundern, mit der er es wagt, ſeine ſcurrilen, ebenſo ſchlecht gezeichneten, wie zügellos kolorierten Machwerke unter der Marke ernſthafter Kunſt vor die Oeffentlichkeit zu bringen, ſo ſind wir, und nicht angenehm, darüber erſtaunt, daß Sie uns, einem auch in Kunſtangelegenheiten ernſthaften Blatte, einen Aufſatz anbieten, der dieſe Hinwürfe eines offenbar pathologiſch verirrten Sonderlings ernſt nehmen will. Wenn Ihnen an der Mitarbeiterſchaft an unſerem Blatte gelegen iſt, ſo wollen Sie, bitte, nie vergeſſen, daß wir grundſätzlich, und auf allen Gebieten, nur das Ernſthafte, Tüchtige, ſolid Erſprießliche vertreten.

Hochachtungsvoll

Die Redaktion des . . . .

III.

(Ende der achtziger Jahre.)

Sehr geehrter Herr Kollege!

Wir müſſen Ihnen Ihren Aufſatz über die Ausſtellung der Boecklinſchen Bilder leider zurückweiſen. Wir verkennen gewiß nicht, daß dieſer Maler ein eigenartiges Talent, originellen Farbenſinn und viel Phantaſie beſitzt, und das

Aufsehen, das seine Ausstellung macht, läßt es uns als journalistische Pflicht erscheinen, darüber zu referieren; aber das muß durchaus in einem andern Tone geschehen, als es der Ihrer Einsendung ist. Am liebsten wäre uns eine rein feuilletonistische Einkleidung, witzig, amüsant, mit scharfer Hervorkehrung der vielen Wunderlichkeiten dieses Künstlers. Wenn Sie aber durchaus ernsthaft sein wollen, so müssen Sie wenigstens darauf Bedacht nehmen, daß es sich hier um die Darbietungen eines von der ernst= haften Kritik noch sehr umstrittenen Talentes handelt, für dessen Bilder das Publikum im Grunde doch nur ein Kuriositätsinteresse hat. Sie sagen z. B. „der geniale Schweizer Boecklin", — wir meinen, es genügte zu sagen: der Schweizer Boecklin. Sehen Sie denn die vielen Verzeichnungen nicht? Fällt Ihnen denn nicht auf, wie geschmacklos bunt einige dieser Bilder sind? Das muß unbedingt hervorgehoben werden. Im übrigen können Sie ja ruhig bekennen, daß Sie nicht zu den Leuten gehören, die, wie der „Kritiker" des . . . . . ., alles Neue verurteilen, weil sie es nicht verstehen.

Hochachtungsvoll

ergebenst

Die Redaktion des . . . .

IV.

(Ende der neunziger Jahre.)

Geehrter Herr Doktor!

Ihre Besprechung des letzten Werkes von Arnold Boecklin sind wir leider zu bringen nicht in der Lage. Einem so überragenden Meister gegenüber scheint uns ein Ton von rückhaltloser Bewunderung mehr am Platze zu sein, als eine Kritik wie die Ihre, die zwar auch voll des größten Respektes, aber in einzelnen, wenn auch wenigen Punkten merkwürdig zurückhaltend ist. Unser Blatt möchte nicht zu denen gerechnet werden, die an die Größen unserer Zeit mit nur lauer Anerkennung herantreten. Auch in der Kunst verabscheuen wir den Rückschritt, auch in der Kunst dienen wir dem Vorwärtsdrange. Der große schweizer Meister ist uns die Personifikation des sich machtvoll durchsetzenden Fortschrittsprinzipes in der Kunst. Er hat den Gipfel erreicht, uns ziemt es, rückhaltslos zu ihm zu stehen. Also: streichen Sie Ihre Bedenken, geben Sie dem Ganzen einen mehr panegyrischen Charakter, und wir wollen dann den Aufsatz drucken.

Ihre ergebenste

Redaktion des . . . .

Im Schloſſe Mirabel.

Der Erzbiſchof von Salzburg,
Ein gar ein ſtolzer Mann,
Der liebt die ſchönen Jungfräulein
Und ſieht ſie freundlich an.
Er ſtreichelt ſie am Kinne,
Thut ihnen gar nit weh,
Es herrſcht Frau Venuſinne
Im Schloſſe Mirabel, juchhe,
Im Schloſſe Mirabel.

Der Erzbiſchof von Salzburg,
Ein gar ein ſtrenger Mann,
Der bindet die ſchnöden Ketzer
An glühende Oefen an
Und läßt ſie weidlich ſchwitzen;
Derweil erkühlt am See
Er ſich von Liebeshitzen
Im Schloſſe Mirabel, juchhe,
Im Schloſſe Mirabel.

Der Erzbiſchof von Salzburg,
O wehe, was geſchah,
Traktieret nicht mehr Minne,
Traktiert Dogmatica.
Man ſetzte ihn gefangen
Zu ſeinem großen Weh.

Wie gern wär er gegangen
Zum Schlosse Mirabel, juchhe,
Zum Schlosse Mirabel.

Oh Erzbischof von Salzburg,
Dir ist ganz recht geschehn!
Es soll ein großer Kleriker
Nicht zu den Mädchen gehn.
Die blühen für die Laien,
Sogar für Ketzer, — weh!
Ich selbst erfuhr's im Maien
Im Schlosse Mirabel, juchhe,
Im Schlosse Mirabel.

Hilf, heiliger Sankt Florian!

Einer roten Straußenfeder
Sagt ich eben Guten Abend;
Heil'ger Florian, da dacht ich
Dein und Deiner roten Fahne.

Dacht auch Deines Wasserkübels
Und der großen roten Flamme,
Die Du löschst mit kaltem Strahle,
Und ich betete bedächtig:
Lösche, lösche, Floriane,
Diese rote Straußenfeder!
Denn sie brennt mir schon im Herzen,
Und das giebt ein Schadenfeuer!

8*

Kleine Schnitzeljagd.

Man thut sich heute gerne etwas darauf zu gute, wenn man „die Finger in eine offene Wunde legt". Diese grausamen Leute vergessen, daß das nur Heilandshänden ziemt.

Es giebt Menschen, die sich ein Gewerbe daraus machen, in Werken der Kunst nach Unrat zu suchen, wie die Schweine im Walde nach Trüffeln. Es ist klar, daß man den Schweinen unrecht thut, wenn man sie mit diesen Leuten vergleicht. Denn abgesehen davon, daß sie nützlich sind, fressen sie, gute Abrichtung oder einen Maul= korb vorausgesetzt, die Trüffeln nicht, die sie finden, während jene Menschen einen persönlichen Genuß an dem wirklichen oder vermeintlichen Schmutz zu haben scheinen, den sie emporwühlen. Man sollte wenigstens eine Art Maulkorb für sie erfinden.

Das Leben ist eine Treibjagd, und wir kennen unsere Treiber ebensowenig, wie die Hasen im Kessel die ihren. Aber wir geben ihnen allerlei hochklingende Namen. Das hindert sie indessen nicht, uns schließlich doch zur Strecke zu bringen.

"Die Füchse klappen nach!" heißt es beim Salamander der Studenten, auch wenn sie ganz exakt gerasselt haben. Da leugne einer den erzieherischen Wert des Bierkomments.

"Halt ein mit Morden!" schrie einer seinem Freunde zu, als dieser ihm mitteilte, es sei ihm eben das fünfte Kind geboren worden; "fühlst Du nicht, daß Du schuld an ihrem Tode bist, indem Du sie ins Leben setztest!?" — "Herrgott, daran hab ich garnicht gedacht," antwortete schuldbewußt der Angeredete, "aber, warum steht so was nicht im Strafgesetzbuche?" — "Weil es Euch an Konsequenz gebricht," entgegnete der Ankläger. — Es war ein Menschen= freund.

Wie wär's, wenn ein Hamlet sich einmal verspräche und sagte: "Es giebt Dinge in eurer Schulweisheit, von denen Himmel und Erde sich nichts träumen lassen . . ."

Originell muß man sein. Mit Wasser wird Rindfleisch in jeder Garküche gekocht; es in Eau de Cologne kochen zu lassen, das zeigt destillierten Geschmack! Aber man muß dann auch so thun, als ob's einem schmeckte.

Die Tanzgilde

nach

Arne Garborg.

Oihoh Du! Ahei! Die Geige fängt an!
Komm her, Mädel, komm, zum Tanze tritt an,
Zum Tanze mit mir, o Du Meine!
Der Fiedelbogen springt,
Die Geige singt;
Hör, hör, wie das klingt!
Es ist wie Gelach und Geweine.

Wir gingen viel Wochen ein Jeds für sich
Und dachten so lange
Und achten so bange,
Jetzt aber im Arm fest halt ich Dich,
Und warm im Arm Dir fühl ich mich,
Jetzt gehn wir nicht mehr alleine!

Und rundumadum
Mit Jodelgejuchz
Zu Baßgeschrumm
Und Geigengeschluchz!
Fest sie im Arm,
Dreht er sie warm,
Der Bursche sein Mädel im Tanze.

Sie stürmen im Braus
Mit Sprung und Schwung,
Es dröhnt das Haus,
Und der Bursche jung
Fängt an zu flehn,
Sie soll mit ihm gehn,
Das Mädel mit ihm — nach dem Tanze.

Sie aber, bedacht,
Sagt ihm Bescheid,
Und Alles lacht
Und johlt und schreit;
Und Rausch und Wut,
Und es brennt das Blut,
Und es jauchzen die Geigen zum Tanze.

Das Hügelweibchen, im Winkel allein,
Das murmelt und lächelt leise
Und sieht mit gespenstischen Augen hinein
In die tummeltanztobenden Kreise.
Oh, was da all fliegt
Und kraucht und kriecht,
Was für Tierzeug im Tanz in der Stube sich wiegt!

Jedjedes von ihnen sein Seeltier hat,
Das folgt ihm im Rücken getreulich,
Von allerlei Farbe und jeder Gestalt,
Aber alle sind sie abscheulich.

Oh, könnten sie sie schaun!
Es würde sie graun;
Und würden nicht fürder des Teufels Korn baun.

Schopf-Ola vom Hügel, gestriegelt und glatt,
Der dort, mit der Taille, der schmalen,
Einen dürren Gockel zum Folgevieh hat
Mit Sporen und Schwanzfederprahlen;
Der Dös-Peter Waaf,
Der hat ein Schaf,
Aber der schlaue John Sanftland ein Füchslein brav.

Der faule Knut Waldkamm, der „laß man“-Knut,
Der hat eine Sau zum Geleite,
Dem Andree Hochland, dem Mädchenvogt,
Springt jappend ein Bock zur Seite.
Und dem freundlichen Grein,
Der sich dreht so fein,
Folgt der graue Wolf auf dürrem Gebein.

Den Lüderjan-John stupst ein hungriger Gaul,
Der nicht Wasser noch Heu kriegt zu schauen,
Ein Bär sperrt hinter Lars Kraftarm das Maul,
Jacob Schlüpfrig’n hörst Du miauen;
Und, kuck mal an:
Der grimme Christian,
Der hat ein Häslein zum Kumpan.

Klatsch=Guri eine Zicke hat,
Mit Bommeln an der Kehle,
Die dicke Malli ein Ferkel glatt,
Zank=Berit eine Tôle.
Eine Elster dort
Hinter Mari Nord;
Rackel Langschenkel läuft vor 'ner Stute fort.

Die Maren, die Mette, die Lisabet,
Auch Stine und Stockbrücks Oline,
Die haben nur jede 'ne Leghenne fett,
Desgleichen Bergklumps Jorine.
Aber die Reiche von Koos,
Die mit Silber hinterm Schloß,
Die den Hof kriegt: die hat eine Gans riesengroß.

So geht es tummelrumdum im Tanz,
Zweibeinig und auf Vieren;
Das schwingt den Arm, das wirft den Schwanz,
Es zittern Balken und Spieren.
Da trampelt es draus,
Und herein mit Gebraus
Volks mehr noch . . . daß Gott! Berstvoll ist das Haus!

Kobold und Zwerg
Aus Hügel und Berg,
Geister Ertrunkener,
Meernachtversunkener,

Popanz und Borstentroll,
Waldweib und Hügelweib,
Dicker Leib, dünner Leib:
Alles hinein über'n Haufen wie toll.

Rappelt die Flügel und plustert sich auf,
Schüttelt das Fell,
Und mit Geschnober, Geschnufel, Geschnauf,
Kletterspechtschnell,
Läuft es an Kisten und Kanten hinauf.

Stiebend wie Federflaum
Macht es sich mitten in Braus und Gelärm,
Mitten im Tanzgestampf, Staub und Geschwärm
Leiseleicht Raum.

Tanzt in den Ecken,
Keiner kanns sehn,
Zinken und Becken
Spielen Verstecken,
Zauberwunderschön.
Klirr und kling,
Tingelingeling!
Leise, ganz leise,
Geisterliche Weise,
Keiner kanns hören,
Keiner kanns sehn:

Waffertropfengluck, Quellgeriefel tief,
Windgewein von Weft, Wellenwurf von Nord.
Winkelflüftern leis, ungesprochen Wort,
Rafchellaub vom Baum, das im Falle rief . . .

Trippelt nun, trappelt nun,
Graumännerchen, Grauweiberchen,
Tippelt nun, tappelt nun,
Die Sonne, die schläft feft.
Humpelt nun, hampelt nun,
Herr Graufchopf und Frau Graufchopfin,
Zumpelt nun, zampelt nun,
Hei, Weihnachtsfeft!

Bummel,
Bammel,
Spinneräderrockentanz,
Rockentanzgefchrammel.

Dunkel nah und ferne.

Bammel,
Bummel,
Rücken=Rücken=Reihetanz,
Rückentanzgetummel.

Dunkel Mond und Sterne.

Und wild und wilder, hei, so recht!
Zur Ecke schwing!
Zur Decke spring!
Mannshoch, hopp! so! Hei, buck Dich, Knecht!
Jetzt geht es ohne Maßen.
Noch nie sahst Du ein Tanzen so,
So Lust und Lärm,
So Schwung und Geschwärm,
Es braust in die Nacht, in die Ferne, oh,
Es ist im Rausch ein Rasen.
Juchen,
Jachen,
Tummeltanz und Krachen,
Krachen im Bärenpelze.

Hier ist ein rechter Kerl, ahei!
Durch Felsen gekommen,
Durchs Feuer geschwommen;
Willst Du mich haben? Da hast Du mich! Ei,
Ich winke nur: Komm! Und ich kriege.
Her mit dem Mund! Ich küss' ihn, hoh,
So Einen wie mich,
Wünscht jede sich!
Und rittst Du bis Rom, findst keinen so,
Der wie ich im Tanze sich wiege.
Zieber,
Zaber,

Flackertanzgewaber,
Schön ist die dunkele Weihnacht.

Das Hügelweibchen sitzt und starrt,
Schwer geht die Brust: in Flammen
Zur Hölle rast die tolle Fahrt,
Gespenster und Menschen zusammen.
Das Licht wird matt; oh, mehr und mehr
Umringelt sie das Dunkel;
Kobolde kommen ein ganzes Heer —
Hui, glüht Springtanzgefunkel:

Schatzeinziger mein,
Komm, willst Du mich frein,
Spieltraudel mir sein
Im Dudeli=dudelidei!
Du, Du nur allein,
Oh, warte Du mein,
Und Dein will ich sein
Im Dudelidei.

Um mich ist's geschehn,
Dein'n Weg muß ich gehn,
Zu Diensten Dir stehn
Im Häusela=Häusela=hei.

Mußt zu mir nun auch stehn,
Mit mir nun auch gehn,
Dein Spinnrädel drehn
Im Häusela-hei.

Flachs sollst Du spinnen,
Zwirn sollst Du zwirnen,
Strümpf sollst Du stricken,
Surelilei.

Ich will Dich tragen,
Wiegen und wagen,
Hegen und pfle-
gelileia.

Lein woll'n wir weben,
Den Webebaum heben,
Wachholder soll brennen,
Surelilei.

Die Wiege wird knacken,
Renntier wird schmecken,
Brot woll'n wir bak-
kelibeia.

Schatzeinziger mein,
Ja, willst Du mich frein,
Spieltraudel mir sein,
Im Dudeli-dudelidei!

Du, Du nur allein,
Ja, Du warte mein,
Dein, Dein will ich sein
Im Dudelidei!

Die Harfe singt;
Wie Weinen klingt
Ihr Lied, gelind
Wie Sommerwind.
Wiegt sich so weich,
Hebt sich so reich,
Fällt in Traum, wird still und stiller.
Nun, wieder erwacht,
Schwillt es mit Macht,
Brandet herauf
Wie Wogengetrauf:
Tief aus dem Traum,
Schaukelnder Schaum,
Ringt sich ein schluchzender Triller.

Ein blauer Kobold, reich und schön,
Im Strähnhaar goldene Spangen,
Tanzt her mit buhlendem Getön,
Das Hügelweibchen zu fangen:

Oh Du Zauberfchön,
Du follft mit mir gehn,
Dein filbernes Spinnrad im Blauhügel drehn.

Bei Tage, da bin ich der braune Bär
Und trolle im Walde, dem weiten,
Bade tief im Waldfee mein Zottelfell fchwer
Und muß durchs Wildwaffer fchreiten,
Spiel am Ufer hinan,
Bin der Herr vom Tann,
Soweit Dein Auge ihn fehen kann.

Doch, wenn die Zeit gen Mitternacht neigt
Und der Tag in den Hügel gegangen,
Oh, wie es dann glöckelt, oh, wie es dann geigt!
Dann bin ich in Tönen gefangen.
Und fchleiche mich ein,
Zu Dir mich hinein
Und fchlafe in Deinen warm Armen ein.

Meine Braut im Blauhügel follft Du fein,
Sollft Silber und Seide tragen,
Und eitel Glück foll um Dich fein
In allen Deinen Tagen.
O Du Zauberfchön,
Du follft mit mir gehn,
Dein filbernes Spinnrad im Blauhügel drehn.

Aus streckt er die blasse, die blaue Hand,
Ihr ist, sie müsse vergehen.
Doch wie sie zum Kusse dem Mann sich gewandt,
Hat ein Rattenmaul spitz 'sie gesehen.
Ach Jesus! Oh Gott!
Oh Gott! Oh Not!
Sie fällt von der Bank und liegt wie tot.

„National!"

Durch die „Saiten des Garns" am Webstuhle unserer Zeit sausen sehr verschiedentliche Schiffchen; — was für ein Muster schließlich herauskommen wird, mögen die Götter wissen. Wir, soweit wir keine Professoren sind, begnügen uns, nach Kräften einzuschießen, was uns geeignet erscheint, dem Ganzen einmal als Zierde zu dienen. Von der Einbildung, daß just unsere Schiffchen stilangebend sein werden, sind wir wohl ferne. Genug, daß wir mitthun und unsere Freude daran haben.

Zuweilen aber ist es auch vergnüglich, die Hände in den Schoß zu legen und einfach zuzuschauen. Wie das flitzt und saust! Wie wild die Schiffchen schießen! Und die Weber — wie wichtig sie sich haben! Noch wichtiger aber geberden sich die, die hinter ihnen stehen, die Zurufer und Ansporner, die selber zu weben nicht geschickt sind, wohl aber mundbegabt, zu kommandieren und Lärm zu machen, mehr noch als die große, schaffende Maschine.

Oben aber, hoch über dem Gehaspel und Gezwirne, laufen unsichtbar und still alle Fäden in eine Hand, in eine ruhig waltende Hand, die auch alle die feindlichen Schiffchenschießer lenkt und, wie uns scheint, wohl weiß, wozu es nötig ist, so viele und so verschieden geartete Weber zu haben. Sie wird wohl auch wissen, weshalb sie die Schreier schreien läßt, sonst würde sie sie ja auf den Mund schlagen. Man möchte das zuweilen wünschen.

Heute, wie es ganz still um mich war, sah ich silberne Fäden des Altweibersommers durch die schöne blaue Herbstluft ziehen, und da schloß ich die Augen. Richtig: sogleich hörte ich, wie das große Weben brauste, und ich sah die Schiffchen fliegen, die unendlich vielen, unendlich schnellen, goldige, silberne, schwarze, weiße, rote, blaue — von allen Farben. Aber ein furchtbares Gezeter war hinter ihnen her, ein Spektakel, wie in einem Parlamente, und ich vernahm besonders laut ein Wort. Das hieß: „National!"

In Berlin giebt es ein Café, das sich so nennt, und wenn ich an dieses Café denke, wird mir schlimm; denn es ist eine abscheuliche Mißart der Demimonde, die dort verkehrt: die berlinische. Auch sitzen dort so viel unschön beflissene Jünglinge, die Notizen und wichtige Gesichter machen: der Nachtrab des Berliner Realismus.

Daher machte ich meine Augen gleich wieder auf und gedachte, dies Altweibersommer-Intermezzo mit seinen Gedankenverbindungen schnellstens zu vergessen. Es ging aber nicht so schnell. Das Wort „National" ließ mich nicht los, quälte mich, ärgerte mich.

Hilft nichts: ich muß mich mit ihm auseinandersetzen. Wenn ich mir's recht überlege, ist es wunderlich, daß mich's ärgert. Mich dünkt, ich bin selber sehr national gesinnt. Ich bin und fühle mich — wie sollte es auch

9*

anders fein? — eingefleifcht deutfch. Nur im Deutfchen
ift mir's ganz wohl; es giebt für mich keine ftärkeren,
fchöneren Eindrücke, als folche, die wefentlich deutfcher
Art find, z. B. deutfche Volksweifen in Wort und Melodie,
oder Goethefche Verfe, oder Dürerfche Stiche, oder das
Giebelwerk in einer alten, deutfchen Stadt, oder der deutfche
Wald, oder auch nur ein deutfches Wort und ein deutfches
Geficht. Würde ich gezwungen, ftändig in einem fremden
Sprachgebiete zu leben, fo wäre ich unglücklich, follte ich
verbannt werden aus deutfcher Kunft und Art, ich würde
es kaum ertragen, und wenn ich keine deutfchen Augen
mehr fehen dürfte, möchte ich lieber gleich tot fein.

☐☐ Und trotzdem empört mich dies Gefchrei: „National!“,
empört mich's, wenn es Deutfche ausftoßen. Ich empfinde
es als eine dem deutfchen Wefen ungemäße, die deutfche
Art beleidigende Borniertheit. Es ärgert mich, kurz gefagt,
weil es ganz und gar undeutfch ift.

☐☐ Daß man mich nicht falfch verftehe! Ich begreife es als
Kampfruf auf politifchem Gebiete, und ich ftimme in diefen
Kampfruf mit ein, wenn es gilt, Ueberhebungen zurück-
zuweifen und die Michelei aufzuwecken, wenn fie fich im
Schlafe von munteren Nachbarn beftehlen und dazu verhöhnen
läßt. Man kann in der bequemen Tugend der Zutraulich-
keit zu weit gehen, und unfer Volk ift in diefer Richtung
wirklich zu tugendfam; aber die Gefahr liegt nahe, daß es
fich jetzt nach einer anderen Richtung hin zu Uebertreibungen
verleiten läßt, die gerade ihm befonders fchlecht anftehen.

Man will ihm nämlich weis machen, es müsse sich auch in künstlerischen Dingen ganz freihalten vom Verkehr mit dem Fremden; es heiße national sein, wenn man sich auch künstlerisch abmauere gegen die Fremde; es sei deutsch, wenn man sich durchaus mit dem begnüge, was deutsches Wesen an Kunst hervorbringt.

Wie müssen die Leute das deutsche Wesen kennen, die solche Forderungen aufstellen! Wie tief müssen sie in der Geschichte der deutschen Kunst und Dichtung bewandert sein! Und welch ein Vertrauen zur Kraft der deutschen Kunst spricht aus dieser Angst, fremde Winde könnten es vermögen, deutsche Eigenart wegzublasen!

Aber wer sind diese gelehrten und furchtsamen Leute denn? Deutsche Dichter? Deutsche Künstler? Diese wandern wie Dürer nach Italien, Holbein nach England, Uhde nach Paris, nehmen auf, lernen und werten das Aufgenommene in deutsches Gold um, furchtlos und deutsch, fröhlich in ihrer Deutschheit und voll Welt= verständnis, und sie sprechen wie Goethe zu Eckermann: „Ich sehe mich gern bei fremden Nationen um und rate jedem, es auch seinerseits zu thun. Nationallitteratur will jetzt nicht viel sagen, die Epoche der Weltlitteratur ist an der Zeit, und jeder muß jetzt dazu wirken, diese Epoche zu beschleunigen."

Wer also sind sie dann, die das Wort „National" eitel nennen? Wer anders als — du sollst nicht fluchen — die deutschen Theorieenkrämer, die „modern" gewordenen

Profefforen, die „der Zeitftrömung Rechnung tragen" und das Odium unpraktifcher Ideologie von fich abwenden möchten, indem fie einen politifch und ökonomifch bewährten Kampfruf auf künftlerifches Gebiet übertragen, und — du follft nicht spotten — jene zeitgemäßen Jünglinge, die, von Gedankenbürde unbelaftet, kühnlich und voll drolligen Selbftbewußtseins feichte Phrafenwäffer fo gerne auf= fprizen laffen, jungen Jagdhunden vergleichbar, die tölpifch in alle Pfüzen rennen.

AA Da es unmöglich ift, Profefforen zu überzeugen, und unnötig, fich mit sprizenden Jünglingen auseinanderzusezen, fo möchte es den Anfchein haben, als fei es vergeblich und überflüffig, ein Wort an diefes Treiben zu wenden. Indeffen: man foll nicht bequem und heikel fein, wo es fich um wichtiges handelt, und wenn man fich's auch gerne verfagt, mit Leuten zu ftreiten, von denen die einen unüberzeugbar, die anderen belanglos find, fo foll man doch zu denen reden, die hier in Gefahr ftehen, von autoritativer Seite falfch belehrt und von infipiden Drauflosfchwärmern angefteckt zu werden.

AA Es gilt, vor allem genau nachzufehen, worin diefe nationalen Forderungen eigentlich beftehen. Lautete die Forderung einfach: „Wir verlangen von den deutfchen Künftlern und Dichtern, daß fie deutfch feien", fo ließe fich darüber wohl reden, denn diefe Forderung ift billig, weil fie felbftverftändlich ift. Eben deswegen ift fie aber auch überflüffig. Ein deutfcher Künftler von Bedeutung kann gar nicht anders als deutsch sein. Nur das Individuelle hat Wert in der Kunst, und ein deutscher Künstler ist ein deutsches Individuum. Bringt er seine Individualität, die eben eine deutsche ist, nicht zum Ausdruck, so ist er ein belangloser Künstler, und wir haben keine Veranlassung, uns mit ihm zu beschäftigen. Es bleibt sich ganz gleich, ob er künstlerische Individualitäten seines Vaterlandes oder der Fremde nachmacht. Er zählt einfach nicht mit. Die deutsche Kunst gewinnt durchaus nichts, wenn er deutsche Künstler nachahmt, und sie verliert nichts, wenn er fremde imitiert.

„Aber das Publikum!" rufen die „Nationalen", „er verdirbt das Publikum!" Mag er! An seinem Publikum ist ebensowenig gelegen, wie an ihm. Er soll es in Grund und Boden verderben. Es verdient nichts besseres. Außerdem fühlt sich's wohl dabei, während es vor der großen Kunst Schwindel und Beklemmung empfindet.

Also mit dieser nationalen Forderung ist es nichts. Es ist auch nicht die eigentliche.

Die eigentliche ist eine Präservativ=Forderung, die aber mit jener insofern eng verwandt ist, als sie im Grunde auch nur auf die Belanglosen abzielt. Sie will eine Art Schutzzoll, eine Art Grenzsperre gegen fremde Kunst. Sie meint es so furchtbar gut mit den Schwachen in der Kunst, indem sie sagt: „Wehrt das Fremde ab, damit es nicht auf uns abfärbe, damit es uns nicht anstecke, uns nicht in Versuchung führe. Laßt uns lieber in einer deutschen Hölle schmoren, als in einem fremden Himmel selig werden. Die Fremden machen es auch so, und deshalb haben sie eine nationale Kunst, während wir immer bloß Abglanz sind. Je mehr wir uns abschließen, umsomehr werden wir ihnen imponieren. Wahrhaft volkstümlich kann nur eine national abgeschlossene Kunst sein."

⚏ Gehen wir diese Forderungen und Behauptungen ein wenig durch! Sehen wir sie uns vor allem auf ihre Brauchbarkeit für unsere heutige Zeit, auf ihren praktischen Wert an!

⚏ Da fällt zuerst dies Eine auf, daß sie unmöglich sind. So deutlich auch im politischen Leben der Völker heute der Zug zu nationaler Zusammenfassung ist, weil er der Ausfluß des Individualitätstriebes unserer Zeit ist, so sicher ist es, daß auf allen geistigen Gebieten ein unausgesetztes Herüber- und Hinüberfluten statthat, ein sich gegenseitig Befruchten, sich gegenseitig Korrigieren. Dagegen hilft kein Sperren. Jede Nation ist heute Lehrerin und Schülerin der andern, und es ist durchaus nicht die Gefahr vorhanden, daß eine von ihnen ihre Fähigkeiten so schlecht begriffe, um da Schülerin zu sein, wo sie zur Lehrerin berufen ist. So haben die Franzosen unsere Meisterschaft in der Musik anerkennen müssen, so fangen sie an, von unserer Lyrik zu lernen, während es unsere Maler gottlob nicht für einen Raub an ihrer nationalen Würde gehalten haben, bei den Franzosen in die Schule zu gehen.

⚏ Freilich, die kleinen Leute, hüben wie drüben, haben

viel Geschrei erhoben und den nationalen Phrasenflederwisch
wie ein heiliges Panier entrüstet geschwungen. Ich erinnere
an den Lärm in der Münchener Künstlergenossenschaft,
der zur Secession geführt hat, an dieses patriotische Gethue,
das auf die Forderung hinauslief, man solle statt inter=
nationaler Ausstellungen nationale, am liebsten rein
münchnerische, machen. Sie haben umsonst getobt, umsonst
gewarnt, umsonst den Untergang der deutschen Kunst
prophezeit. Die Secession hat in vollen Schwaden fremden
Ansteckungsstoff nach München herübergeleitet, und der
Erfolg war, daß das Niveau der Münchner, der deutschen
Kunst sich ungeahnt gehoben hat. Gewiß haben einige
Leute dritten Ranges seither ergößliche Dinge zum Besten
gegeben, aber diese wären auch keine deutschen Meister
geworden, wenn sie bloß Grützner und Defregger zu sehen
bekommen hätten. Aehnliches in der Litteratur. Die
Slaven, Franzosen und Nordländer haben uns sehr wohl=
gethan, wenngleich wir auf ihre deutschen Karikaturen ganz
gewiß nicht stolz sein wollen. Die Hauptsache ist, daß in
die stickige Atmosphäre unseres Schrifttums frische Luft
kam, säubernde, kräftigende Luft. Und ist das, was sich
nun zu regen beginnt, undeutsch? Ist es nicht deutscher
als das seelenlose Nachtretertum, das uns vor ganz
Europa blamiert hat? Gelten wir jetzt noch als das
sterile Litteraturvolk, dessen Poesie mit Goethe aufgehört
hat? Beginnen nicht die Franzosen, sehr deutlich auf=
merksam auf uns zu werden? Imponieren wir den

Fremden jetzt weniger als damals? Und ist diese Litteratur, die unstreitig von außerhalb beeinflußt worden ist, weniger geeignet, volkstümlich, ein socialer Faktor zu werden, als die vergangene, die Litteratur der Damenpensionate?

⚔️ Nein, Abschließung in Kunstdingen ist heute unmöglich, und, wenn man es versuchen wollte, es würde Stagnation bedeuten. Selbst die Franzosen, das national engherzigste Volk, beginnen dies einzusehen. Und nun kommt man uns mit der unglaublichen Forderung, wir, das Volk des künstlerischen Weltverständnisses, das Volk Goethes, wir sollten die Lächerlichkeit begehen, uns in dem Augenblicke, wo allenthalben die Thore fremder Befruchtung aufgethan werden, abzuschließen, einzukalken, zu mumificieren? Die deutsche Hölle, in der wir dann schmoren müßten, würde selbst für Professorenhäute zuviel trockene Hitze entwickeln, und den phrasenfröhlichen Jünglingen würden die rastlosen Lippen ungemein schnell zusammenschnurren. Was freilich kein Unglück wäre.

⚔️ Das ist das Schlimme, daß die theoretischen Dekretierer und Schwärmer so schlecht in der Zeitpsychologie beschlagen sind. Sie merken nicht, daß diese Zeit des Uebergangs trotz ihrer nationalen Symptome in der Politik geistig und künstlerisch eine Zeit des sich Verstehens, sich Näherkommens der Nationen ist, sie fühlen, nicht, daß die große Kunst unserer Zeit von den „guten Europäern" gemacht wird, die zu einander mehr Verwandtschaft fühlen als zu den engen, sterilen, nur in Phrasen produktiven Köpfen ihres

Vaterlandes. Daß sie deshalb nicht weniger stammecht sind, habe ich schon betont. Durch alle Künste in allen Kulturnationen geht heute ein einheitlicher, verbindender Zug, und daher stammt das Bedürfnis, sich kennen zu lernen. Ins Schlepptau lassen sich nur die Schwachen nehmen. Und nicht einmal ihnen nützt man, wenn man das Schlepptau durchhaut.

Gerade jetzt ist der ungeeignetste Zeitpunkt für eine nationale Kunstpolitik, besonders für Deutschland. Wir bedürfen, zumal in der bildenden Kunst, noch immer recht sehr der Anregung von außen, von dorther, wo die Geister augenblicklich beweglicher sind und unter günstigeren Verhältnissen schneller vorwärts kommen. Haben wir doch den Mut, uns darüber klar zu werden, daß die deutsche Kunst immer noch Einiges von der englischen, der französischen lernen kann. Und haben wir doch das Zutrauen zu unsern Künstlern, daß ihre deutsche Art nicht in die Brüche gehen wird, wenn sie sich das zu eigen macht, worin uns Fremde voraus sind. Wenn unseren Künstlern vor Augen geführt wird, daß in England, in Belgien, in Frankreich bedeutende Künstler es nicht für eine Degradation ansehen, kunstgewerblich, buchdekorativ thätig zu sein — kann das schlimme Folgen haben? Hat es für die Engländer, die Belgier, die Franzosen schlimme Folgen gehabt, daß sie in dieser Hinsicht von den Japanern gelernt haben? Sind sie aus Schülern nicht Meister geworden? Sind sie nicht dadurch gerade befähigter geworden, Ansätze eines nationalen modernen Stiles hervorzubringen? Nur die unfruchtbare Aengstlichkeit, die vom Entwicklungsgange schöpferischer Begabungen keine Ahnung hat, klebt mit Entsetzen an den oft wunderlichen Uebergangsstadien, die das Ringen nach einem neuen Stile notwendig durchmachen muß. Wer Sinn und Blick für die Gesetze des künstlerischen Werdens hat, zieht auch daraus genießende Freude; ihm ist ein schiefes Uebergangsdokument lieber, als die stocksteife Regelrichtigkeit des ewig Gestrigen.

Es kann darum auch gar nichts schaden, wenn unsern Künstlern selbst offenkundige Uebertreibungen und Schiefheiten der Entwicklung fremder Kunst vorgeführt werden. Der blöde Anbeter des Fremden, der selbst überhaupt nichts vermag, wird sich das vielleicht kritiklos zum Muster nehmen, die besonnene Begabung aber wird darin nur das Tüchtige künstlerischer Draufgängerei erkennen, und es wird mutmachend auf sie wirken, zu sehen, wie draußen, wo ein wenig mehr künstlerische Toleranz und viel mehr künstlerische Tradition, auch beim Publikum, herrscht, als bei uns, die Geister sich regen, und sie wird sich vielleicht angeregt fühlen, ebenso ungeniert ihrem innerlichsten Drange zu folgen.

„Ah, also Import der Zuchtlosigkeit!" Beim Himmel, ja, auch davon kann ein bißchen nicht schaden bei uns, wo allbereits wieder die kalte Hand der Kunstgelehrsamkeit die Zügel zu ergreifen beginnt, wo die schönen Ansätze freier Kunstentwicklung schon wieder gefährdet sind durch unsere Kunstregistratoren, denen es längst wieder angst geworden ist vor dem Neuen, das sie selbst in schwachen Stunden behutsam nach ihrer Art zu fördern sich hinreißen ließen. Sie glauben genug gethan zu haben, nachdem einer von ihnen ein Buch über die Malerei im neunzehnten Jahrhundert abgeschrieben hat, und nun lassen sie in schreckhaftem Eifer den Radschuh ihrer Gelehrsamkeit herabrasseln und richten Grenzpfahl und Schlagbaum auf, daß das Aergernis draußen bleibe.

Es wird nichts helfen; die Zeit ist reif und geht über die Unbescheidenheiten der Radschuhgewaltigen zur Tagesordnung der Kunst über, die immer noch im Zeichen des Voran und Aufwärts steht, und keine Schranken, auch nicht die des Schulmeisterbakels und des Kunstschutzzolls, respektieren will.

Nachschrift: Dieser Aufsatz war vornehmlich gegen die Herrschaften gerichtet, die in der Kunstzeitschrift Pan „nationale" Kunstpolitik treiben wollten und es eine Weile auch durchgesetzt haben, selbst kindlichen Dilettantenübungen der Heimat den Vortritt vor Werken der fremden Kunst zu verschaffen. Es gereicht mir zur großen Genugthuung, jetzt hinzufügen zu können, daß sie sich bald besser haben beraten lassen. Sie haben einen kleinen Abstecher gemacht und sind dann löblich in die Bahnen zurückgekehrt, die von vornherein feststanden.

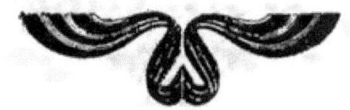

Lyng-Lun.

Nach dem Vlämischen des Pol de Mont.

Durch Li-yo-ing, wo aus morastiger Erde
Der Riesenbambus aufschießt wie ein Wald,
Ging, in Gedanken ganz verstrickt, der Weise,
Der Dichter Lyng-Lun. Kümmerlich sein Leib;
Doch seine Seele, die war gottesstark.
In breiten Stößen, osther, rauschten an
Die Winde voller Kraft und bliesen laut
Durch dieses Röhrichts palmenhohe Stämme;
Und wundersame Weisen weckten sie
Aus ihnen, daß es wie vom Menschen klang.
Ein Singen, Jauchzen und ein Klagen wars.

Bis zu des Weisen Füßen beugten sich
Die schlanken Schäfte, seinen Wangen längs
Schwebten wie Schmeichelhände ihre Blätter,
Die langen, schmalen. Und es hielt Lyng-Lun
In Schweigen sinnend einen Stamm zurück.
Und zwischen zweien Knorren schnitt er sich,
Genau inmitten schnitt ein Stück er sich
Heraus, und sieh: Da seinen Atem er

Dem Rohre einblies, schwoll ihm sanft ein Klang
Sehr tief und voll aus diesem Rohr entgegen,
Ein Klang, lebendig wie die eigne Stimme.

Und wunderbar: als hätte rings um ihn
In Luft und Erden alles nur geschwiegen,
Bis daß ihm Stimme gab sein Menschenmund,
Ward nun mit eins die ganze Welt Gesang.
Der Hoangho, der seinen grünen Strom
Wie eine Flut von Schlangen vor ihm wälzte,
Er wieherte wie ein gepanzert Roß,
Wenn es zum erstenmal im Lärm der Schlacht
Auf Schild und Brünne Schwerter klirren hört.
Der Fung-hoan, der rote Zaubervogel,
Schwang sich mit seinem Weibchen auf den Ast,
Und seiner Liebe süße Sehnsucht klang
Wie lebend Gold.

        Da rief Lyng-Lun, der Weise,
Begeistert laut: Ah, huldreiche Natur,
Ich höre deine Stimme. Brülle, Strom!
Sing, singe, roter Vogel! Winde, braust
Und rauscht Akkorde durch das schwanke Rohr,
Daß ich erlausche Deiner Stimme Klang
Und in mich berge, denn es wird fortan
Mitklingen und mitsingen die Natur,
Wo seiner Seele Tiefgefühl der Mensch,
Der leidende, ausklagt, ausjauchzt, aussingt.

Und sorgsam lauschend schnitt er Rohr auf Rohr
Sich aus dem großen, schwanken Bambuswald
Und stimmte sie genau: sechs nach dem Rauschen
Des Stroms, des Röhrichts und der wilden Bäume,
Sechs andre aber nach der Vögel Sang
Und dem Insektensummen; band sie alle
Andächtig an einand und brachte sie
Voll hellen Jubels dem, der unterm Himmel
Als Sohn der Sonne diese Welt regiert,
Und niederknieend sprach er: Nimm dies, ha!
In diesen Rohren lebt des Weltalls Seele.

Ein Gespräch.

Der Eine: Was machst Du denn da? Ich glaube beinah,
Du liest ein Buch.

Der Andere: Ja, wirklich.

Der Eine: Und ein deutsches, glaub' ich gar.

Der Andere: In der That.

Der Eine: Herrgott, und Verse!?

Der Andere: Verse.

Der Eine: Von welcher Dame hast Du Dir denn das
Dings geborgt?

Der Andere: Ich hab' es mir gekauft.

Der Eine: Ge . . . . .?

Der Andere: . . kauft!

(Pause.)

Der Eine: Bist Du krank?

Der Andere: Kerngesund.

(Pause.)

Der Eine: Hm . . . Du . . . Der Dichter da, der, von dem die
Verse da sind, das ist wohl ein guter Bekannter von Dir?

Der Andere: Leider nein.

(Pause.)

Der Eine: He, das Ding ist wohl gepfeffert, wie?

Der Andere: Was denn, „gepfeffert"?

Der Eine: Ich meine, so — pikant?

Der Andere: Gottbewahremich! Zoten zieh ich in Prose vor.

(Pause.)

10

Der Eine: Sind sie lustig?

Der Andere: Die Verse, meinst Du?

Der Eine: Ja.

Der Andere: Nein, lustig sind sie nicht.

Der Eine: Ja, umgotteswillen, wie kommst Du dann auf so 'ne Lektüre?

Der Andere: Du liest wohl nie Verse?

Der Eine: Für wie jung hältst Du mich denn? Seit meinem Abiturientenexamen habe ich kein Versbuch in den Händen gehabt außer dem Kommersbuch.

Der Andere: Sehr tüchtig!

Der Eine: Du willst damit sagen, daß ich ein Idiot bin?

Der Andere: Nein, bloß, daß ich mich nicht wundre.

Der Eine: Aber ich wundre mich!

Der Andere: Ja ja, es ist verwunderlich.

Der Eine: Ich bitte Dich, wenn ich im Klub erzähle: Hans Detlev liest Verse!

Der Andere: Dann ist Hans Detlev eine komische Figur geworden. Gewiß. „Muß es eben tragen."

Der Eine: Es scheint, Du thust Dir noch was darauf zugute, auf Deine Reimlektüre?

Der Andere: Zugute, nein, es macht mir nur Vergnügen.

Der Eine: Die reine Perversität! Gerade so, wie wenn ein Mann an einem Zuckerstengel lutschte.

Der Andere: Müssen denn Verse süß sein?

Der Eine: Süß oder nicht, es ist Geschleck, wie überhaupt alles Belletristische. Zwecklos. Ueberflüssig.

Der Andere: Du läßt also nur den Leitartikel, die Bibel und die wissenschaftliche Abhandlung als mannswürdige Lektüre zu?

Der Eine: Die Klassiker ausgenommen! Die Klassiker!

Der Andere: Die Klassiker . . . Du, ich glaube: die liest Du auch nicht.

Der Eine: Lesen? Nein, lesen 'thu' ich sie nicht. Aber ich begreif' es noch, wenn sie einer liest. Das moderne Zeug dagegen . . Bah!

Der Andere: Sehr richtig: Bah!

Der Eine: Was willst Du damit sagen?

Der Andere: Ich find' es so nett, dieses „Bah!" So grandios, so souverain, so über alle Maßen — schneidig. Es fertigt so famos ab und macht sich wirklich dekorativ. „Bah!" Man kann nicht präziser sein. Uebrigens, man kann auch „Bäh" sagen.

Der Eine: Du irrst Dich, wenn Du meinst, daß mich Dein Spott rührt. Ich fühle mich zu sehr eins mit der allgemeinen Meinung in diesem Punkte, als daß ich mich darüber aufregen sollte, daß Du mich wegen meiner Geringschätzung dieser sogenannten Litteratur für einen Zurückgebliebenen hältst.

Der Andere: Ich habe gedacht, Du wärest ein Aristokrat? Du bist doch sonst nicht so, daß Du Dich auf die allgemeinen Meinungen berufst? In Deinen Kravatten und im Schnitt Deiner Westen hältst Du wenigstens sehr auf Exklusivität. Uebrigens: Du hast Recht. Es ist eine Stimme darüber, daß die „schöne Litteratur" überflüssig

und eigentlich ein Atavismus ist. Warte mal, hier stehts:
„Offen Dir gestanden, nichts für ungut, Freundchen,
Stell' ich, glaub' ich, meinen Kammerdiener höher
Als den Dichter, und so denken auch die andern
Guten Deutschen: Excellenzen, Schneider, Gärtner,
Bürgermeister, Staatsanwälte, Bauern, Krämer,
Wagenbauer, Staatsminister, Sattler, Wirte,
Prinzen, Pfefferküchler, Klempner, Wucherer,
Scharfrichter, Matrosen, Priester, Karrenschieber,
Reichs- und Landtagsabgeordnete, Barone,
Droschkenkutscher, Seiler und Regierungsräte,
Und was sonst zusammenfällt in bunter Mischung
Unsres skatdurchtobten lieben Vaterlandes."
— Der Mann hat Recht, und also Du auch.
Der Eine: Hab' ich auch! Unsre Zeit verlangt eben andre
Interessen. Wir haben einfach mehr zu thun, als Verse lesen.
Der Andere: Gewiß; Skatspielen z. B., was auch eine zu-
kömmlichere Gehirngymnastik ist. Nur begreif ich dann
nicht, warum Ihr nicht auch die übrigen Künste, als da
sind: Musik, Malerei, Theater für einen unnützen Unfug
erklärt. Aber da seid Ihr mit Eurem tüchtigen „Bah"!
doch zurückhaltender.
Der Eine: Ja, duliebergott, das sind eben Künste, das
sind Sachen, vor denen man Respekt haben muß. Die
muß Einer gelernt haben. Das kann nicht Jeder.
Der Andere: Was Du nicht sagst! Die Poesie, meinst Du also,
ist keine Kunst! Ach, bitte, sage mir doch, was ist sie denn?

Der Eine: Gott, das Schreiben, das Gedichtemachen, das Novellenbauen, — was ist denn da für eine Kunst dabei? 'n bißchen Phantasie, 'n bißchen Stil meinetwegen, oder was man so Sprachbeherrschung nennt, — das sind doch schließlich keine so großartigen Kunststücke.

Der Andere: Ja wohl:

> „Kann man's ungefähr,
> Ist's nicht schwer.“

Aber, mein Lieber, wieviele könnens denn wirklich?

Der Eine: Ach was, der Eine reimt 'n bißchen richtiger als der Andere, der Eine erzählt 'n bißchen amüsanter, als der Andere, und schließlich: weil eben die Sache im Grunde nicht so exorbitant schwierig ist, machen sichs die Leute selber aus einer Art Schamgefühl schwerer und erfinden neue Richtungen und allerlei merkwürdige neue Forderungen, bis sie schließlich Sachen schreiben, die kein Mensch mehr versteht.

Der Andere: Du bist auf dem Wege, mein Guter, Du bist auf dem Wege! Wirklich, Du hast so was wie Witterung! Was Du da sagst, das nennen „die Leute“ die Flucht vor dem Banalen und épater le bourgeois. Die Hauptsache ist's freilich nicht. Aber immerhin: Du spürst also, daß da künstlerisch was gewollt wird, nicht wahr? Und Du spürst auch was wie einen Effekt, nur, daß Dir der noch nicht so recht eingeht . . . .?

Der Eine: Ach was, reife Sachen will ich, klare Sachen, Sachen mit Hand und Fuß, Sachen, bei denen ich weiß: wie und wo und warum.

Der Andere: Und: wo Du das nicht weißt, nicht gleich
erkennst, schließt Du hurtig, daß der Dichter daran
schuld ist? Vielleicht wäre es bescheidener, Du schlössest
anders. Vielleicht wäre es auch richtiger . . .

Erinnerst Du Dich noch, wie die ersten Freilichtbilder
aufkamen? Wie Du Dich bei ihrem Anblick an die Stirn
schlugst und riefst: Bin ich nun blind vor der Natur,
oder sind diese Maler verrückt? Du warst nicht ganz
abgeneigt, Dich eher für das Letztere zu entscheiden. Und
heute? Wehe dem, der Dir mit „Sauce" kommt! Du
würdest dem unglückseligen Pinselmann auf die Schulter
klopfen und ihm sagen: „Freundchen, machen Sie die
Augen auf! Es giebt Farben in der Natur! Verschaffen
Sie sich davon was auf die Palette!"

Der Eine: Das ist ganz was anderes.

Der Andere: Nein, das ist ganz dasselbe. Damals waren
Dir in der Malerei Stoffe und Technik fremd, heute sind sie
Dir's in der Poesie. Nach und nach hast Du Dich dort an
die Stoffe gewöhnt und davon überzeugt, daß die Technik
aus ihnen heraus berechtigt ist, und es wird nicht lange
dauern, so wird es Dir mit der Poesie, wenn Du nur die
Güte haben willst, Dich mit ihr zu befassen, eben so gehn.
Die Hauptsache freilich ist, daß Du vor der Poesie ein
wenig Respekt bekommst als vor einer Kunst. Ich ver-
denke Dir es nicht, daß Du diesen Respekt nicht hast vor
allen den in dichterischer Form auftretenden Werken, die
nichts sind, als leere, verblasene Nachahmungen alter großer

Muster, deren Manier zur Schablone geworden ist. Das Unpersönliche, die bloße Kopie hat in einer künstlerisch ringenden Zeit kein Anrecht auf respektvolle Beachtung. Wohl aber darf die strebende Begabung, die persönliches Können zur Grundlage hat, dieses Anrecht beanspruchen. Wo sie es nicht zuerkannt erhält, da haben die Verweigerer nicht das Recht, sich Kunstfreunde zu nennen.

Der Eine: Jetzt brauchst Du bloß noch zu sagen: „Sic volo, sic jubeo".

Der Andere: Und Du: „Bah!"—Aber Du hast Recht: Man soll nicht zetern und dekretieren. Man soll nur warten. Ehe der Frühling kommt, kommen die Winde und die Pfützen voll schmutzigen Tauwassers, und die Leute leiden an Rheumatismus und Schnupfen. Dann kommt das Zarte, Zage, das Unbestimmte, das noch keine großen Knospen, keine Blüten, das bloß Ansätze zeigt, — der Vorfrühling, der auch noch nicht Jedermanns Sache ist, denn frühlings= zuversichtlich sind nur wenige. Aber schließlich ist der Frühling da, und selbst die Rheumatiker lächeln.

Der Eine: Ich finde es bezeichnend, daß Du mit dem Frühling abbrichst.

Der Andere: Man muß nicht unbescheiden sein, muß nicht zu weit vorausschweifen, mein Lieber. Ich will froh sein, wenn ich Dich so weit habe, daß Du an den Frühling glaubst.

Der Eine: Hm. Glauben verlangen alle Apostel, die echten und auch die unechten. Die Letzteren am lautesten. Darum sind sie auch so böse auf die Kritik. Gleich anbeten soll man, hingeworfen sein, willenlos hingegeben den neuen Evangelien. Aber man müßte Derwisch sein und bis zur Akrobatik anbetungsbeweglich, wollte man vor all' diesen neuen Göttern beten und tanzen.

Der Andere: Du wirfst da ein bißchen viel durcheinander. Wenn es Dir recht ist, gehen wir's der Reihe nach durch. Zuerst, meinst Du, sind die Apostel der neuen Dichtkunst böse auf die Kritik.

Der Eine: In der That, das meine ich, und ich glaube, ich könnte Dir's beweisen.

Der Andere: Mach Dir keine Umstände. Ich gebe Dir das zu. Es wird ungebührlich viel auf die Kritik geschimpft. Aber ich fürchte, daß sich darin die Alten von den Jungen nur in der Tonart unterscheiden, wobei es Geschmacksache ist, welcher Tonart man den Vorzug giebt. Aber ich glaube bemerkt zu haben, daß die Replikenwut doch etwas nachgelassen hat und daß, jemehr einer kann und, vor allem, je mehr einer fortschreitet, um so weniger hält er sich mit seinen Kritikern auf. Aber das ist schließlich Temperamentssache, und manche, so groß sie waren, wie z. B. Byron, konnten es nie lassen, selbst die kleinsten Schreier an den Ohren zu nehmen. Dieses polemische Temperament ist im Grunde ein Unglück für den, der es hat, und ich wünsche jedem Dichter die klassische Ruhe, die z. B. Gerhart Hauptmann auszeichnet, der selbst auf die tollsten Angriffe nie ein Wort der Abwehr gehabt hat. Dies hat für ihn den angenehmen Erfolg gezeitigt, daß

die Kritiker in ihrer himmlischen Selbstsicherheit annahmen,
er sei in sich gegangen, und daß sie, dieselben, die ihn
vordem als einen Ausbund frecher Talentlosigkeit brand=
markten, später zu den lautesten Anerkennern seiner Be=
gabung abschwenkten. Aber, wie gesagt, das ist Tempera=
mentssache, und jeder hält's subjektiv so, wie's ihm sein
Naturell oder seine Klugheit gebietet. Im Grunde aber kann
jeder wirkliche Dichter dem Publikum nichts mehr wünschen,
als ein bißchen mehr Kritik in litterarischen Dingen. Kritik
ist Scheidekunst, die Kunst des Unterscheidens, und das ist
es, was der schaffenden Dichtkunst gegenüber augenblicklich
sehr fehlt. Es giebt zu wenig Kenner und zu wenig
Leute mit Distancegefühl. Das Publikum hängt zu sehr
am Stofflichen, und die Stoffelei verhindert die Leute, am
dichterischen Bilde die Kunst oder Unkunst wahrzunehmen.
Auch hier dasselbe wie früher bei der Malerei. Heute gilt
es, gottlob, bereits für ungebildet, wenn Jemand an einem
Bilde nur die Anekdote sieht, und man ist glücklich schon
in den entgegengesetzten Fehler verfallen, daß man, um als
wirklicher Kenner zu glänzen, den inneren Gehalt eines
Werkes der bildenden Kunst geflissentlich ignoriert. Poetischen
Werken gegenüber aber stoffelt man „unentwegt" weiter.
Wer weiß heute die intimen Feinheiten des Rhythmus in
der Prosa zu schätzen? Wie viele Deutsche giebt es, denen
die Psalmodik Nietzsches aufgegangen ist? Und gar der
Genuß des Verses, wie liegt der im Argen bei uns! Es
giebt immer noch Leute bei uns, die sich zu den Gebildeten

rechnen und Verse nach Silben auszählen, statt sie nach Betonungen zu empfinden. Und welche Rohheit herrscht gegenüber den eigentlichen Feinheiten der Verssprache. Von poetischen Valeurs, von Tonwerten hat man kaum eine Ahnung, dafür sehen aber Leute, die jede leere Stelle in einem Gemälde peinlich empfinden, über ganze Lagunen in poetischen Werken weg, ohne nur im geringsten irritiert zu werden. Das lyrischste Volk der Welt hat das lyrische Feingefühl so gut wie verloren, und wir haben das Vergnügen, selbst hier, auf unserem eigentlichsten Gebiete, bei den Franzosen in die Schule gehen zu müssen.

Der Eine: Du redest wie ein unverstandener Lyriker.

Der Andere: Nein, ich rede als Einer, dem es leid thut, daß wir eine schöne Fähigkeit verloren haben. Denn es war nicht immer so in Deutschland. Die Brieflitteratur aus der weimarschen Zeit zeigt uns, daß unsere Vorfahren, soferne sie wirklich geistig kultiviert waren, auch den Genuß der künstlerischen Sprache kultivierten und ausbildeten.

Der Eine: Kein Wunder, denn damals gab es eine geschmacksgefestete schöne Litteratur, damals war man auf einer festen Höhe und übersah die weiten Strecken eines reifen, sicheren Schaffens. Wer aber soll heute zu einem ruhigen Urteil gelangen angesichts dieses geschmacklosen Nebeneinanders von litterarischen Gegensätzen? Kaum hat der Naturalismus Alles über den Haufen geworfen, was uns edel und schön dünkte, und schon soll dieser Naturalismus überwunden sein und wird als unkünstlerisch verschrieen.

Der Andere: Mußt Du denn auf das Geschrei hören? Kannst Du nicht einfach ruhig zuschauen? Aber glaube mir nur: am Geschrei ist auch das Publikum schuld. Es setzt sich zu schnell auf irgend einem gewonnenen Standpunkt fest, und um so fester, je wütender es ihn erst abgelehnt hat. So will es sich jetzt auf dem Naturalismus festsetzen, der für manche und nicht die schlechtesten der Schaffenden keineswegs als der Pol gilt, auf dem man sich ausruhen darf. Diese Leute sind euch zu beweglich. Sie rufen aus, wie der Mann im Tristram Shandy: „Sollen wir denn ewig neue Bücher machen, wie die Apotheker neue Mixturen, indem wir bloß aus einem Glas ins andere gießen? Sollen wir denn beständig dasselbe Seil spinnen und wieder aufdrehen? Beständig den Seilergang gehen, — beständig denselben Schritt?" Ihr aber gewöhnt euch entsetzlich schnell an das Hinundhergüssicht, und ihr habt eine fatale Vorliebe für den aufdrieselnden Seilergang. Daher kommt dieser Gegensatz zwischen den Schaffenden und denen, die genießen sollten. Es ist fast eine Feindschaft.

Der Eine: Und daran hat, meinst Du, bloß das Publikum die Schuld, während die Dichter die großen Verkannten, die gewaltigen précurseurs sind, hinter denen unsere Lendenlahmheit zurückbleibt?

Der Andere: Schuld — ich weiß nicht. Es kann sich selber wohl keiner ändern. Was fehlt, das ist eine Vermittelung. Hier die Schaffenden, da die Empfangenden. Zwischen diesen beiden müßte es im rechten Maße Vermittler geben, Leute,

die ex officio Kenner und Verkünder wären, unabhängig
so von den Einen wie von den Anderen, ganz eingenommen
von ihrem Amte, ganz aufgehend in dem Bestreben, jeden
wirklichen Wert nicht bloß zu erkennen, sondern diese Erkenntnis auch zündend weiter zu tragen.

Der Eine: Und das wären etwa was für Leute?

Der Andere: Berufen scheinen mir dazu die angestellten
Lehrer der Litteratur an den Universitäten und den höheren
Schulen zu sein, aber ich weiß nicht, ob sie alle auch aus-
erwählt sind. Ihr Gegenstück sind für die bildenden
Künste die Beamten der staatlichen Kunstpflege, die am
Durchbruche der modernen Kunst in den Geschmack des
besseren Publikums ein so großes Verdienst haben. Aber
während diese, ohne die Pflege der alten Kunst zu ver-
nachlässigen, sich intensiv mit dem Neuen im Bereiche
ihres Studiums beschäftigt und, selbst entgegen der allgemeinen Meinung, dafür gesorgt haben, daß diesem Neuen
sein Recht werde, sind Jene zum großen Teile noch durchweg
in der wissenschaftlichen Sichtung der alten Schätze unseres
Geisteslebens befangen und halten es für einen Raub an
ihrer Würde, wenn sie sich im Gegenwärtigen umsehen.

Der Eine: Der alte Vorwurf! Nieder die Goethe-
philologie! Platz da den Posaunenbläsern für die Jungen!

Der Andere: Ich denke nicht daran, die Katheder zu
stürmen, mein Lieber. Ich wünsche vielmehr durchaus,
daß auch die litterarischen Beamten der staatlichen Kunstpflege Konservatoren der Alten bleiben, aber sie sollen nicht

bloß Konfervatoren fein, und ihr Ehrgeiz follte, meiner Meinung nach, fich nicht bloß in philologifcher Akribie erfchöpfen. Es follten mehr Vorlefungen von der Art gehalten werden, wie fie Profeffor Lizmann in Bonn gehalten hat, Vorlefungen, die fich nicht bloß an die Studenten, an das Publikum, fondern auch an die Dichter richten. Denn ich hege allerdings die Meinung, daß auch Dichter lernen können. Nur muß man fich ihnen gegenüber den alten unleidlichen äfthetifch dekretierenden Ton abgewöhnen, denn ich fürchte, daß den die Dichter nicht vertragen.

Der Eine: Alfo doch wieder der deutfche Profeffor als letzter Nothelfer. Ich hätte Dich für radikaler gehalten.

Der Andere: Radikal hin, radikal her. Vor Worten muß man fich nicht fürchten; auch nicht vor dem Wort „Profeffor“. Manchmal fteckt doch ein Menfch dahinter. Und es muß eben was gefchehen von denen, deren Amt es ift, die Entwickelung der Litteratur zu verfolgen.

Der Eine: Du irrft Dich, die Herren find angeftellt, bis auf drei Ausnahmen, glaub’ ich, die alten Litteraturfchätze wiffenfchaftlich ficher zu legen, zu nichts weiter.

Der Andere: Das weiß ich wohl, aber diefe Anftellung verbietet es ihnen zum mindeften nicht, auch Ausblicke über das Alte hinaus zu thun. Freilich wäre es an der Zeit, direkt für moderne Litteratur mehr Lehrftühle auf= zurichten. Was lachft Du denn?

Der Eine: Du fprachft auch von den Litteraturprofefforen an den höheren Schulen. Ich ftelle mir da das Geficht

unseres alten Konrektors vor! Wenn man dem zugemuthet
hätte, von der modernen Litteratur zu seinen Primanern
zu reden! Heu, heu et iterum heu, et proh dolor!
Der Andere: Sei ruhig, es kommen neue Konrektoren,
und die werden über die Neuen vielleicht mehr zu sagen
wissen als den Klappervers:

Proveniebant oratores novi, stulti adolescentuli.
Die werden, stell' ich mir vor, sich bemühen, ihren Schülern
wenigstens die Grundlagen der Kunst, Poesie zu lesen,
beibringen. Ohne an die großen Alten zu rühren, vielmehr
unter stetigem Hinweis auf diese und ihre Entwicklung,
werden sie sich bemühen, den Werdegang im geistigen
Leben ihres Volkes bis auf die Gegenwart zu verfolgen.
Sie werden nicht bloß Sprachkunde, sondern auch Sinn
für Sprachkunst pflegen und sich bemühen, ihre Schüler
auch auf dem Gebiet des modernen Litteraturlebens zu
gebildeten Leuten zu machen, die den Stümper vom Künstler
zu unterscheiden verstehen und sichs in Litteraturdingen nicht
mit dem Standpunkte des Unteroffiziers genügen lassen.
Der Eine: Also der Richtungsskandal auf der Schulbank!
Heitere Perspektive!
Der Andere: Du willst mich nicht verstehen. Gerade
das, was Du andeutest, geschieht jetzt, wenn ich recht
berichtet bin. Gerade jetzt werden die jungen Leute häufig
noch auf der Schule mit den Schlagworten traktiert, die
den Aufenthalt in Litteraturkonventikeln zur Qual machen,
und man züchtet Leute, die sich kritisch geberden, ohne

daß man ihnen wirkliches Interesse und die Fähigkeit zu verstehender Anteilnahme an dem beigebracht hätte, worüber sie reden. Aber gerade darauf und auf der Schule nur darauf kommt es an: dieses Interesse zu bilden, der Jugend es als notwendiges Erfordernis zur wirklichen Bildung einzuprägen, daß man Anteil nehmen muß auch am gegenwärtigen Geistesleben seines Volkes. Um Gotteswillen keine Litteraten und keine Litteraturschwätzer heranziehen. Nein: nur geneigt und fähig machen zum litterarischen Genuß. Das ist es, was fehlt. Der litterarische Sinn muß rege und kräftig gemacht werden. Dann wird es vielleicht einmal dahin kommen, daß man auf Reisen nicht bloß Engländer und Franzosen mit guter Lektüre in der Hand trifft, während es sich die Deutschen gewöhnlich mit dem Fliegenden=Blätter=Kalender oder einer sensationellen Broschüre genügen lassen.

Der Eine: Du bist ein unzeitgemäßer Herr, mein Guter. Hast Du vielleicht noch mehr Schmerzen? Da kommt Erhardt, — ihm magst Du sie klagen; ich habe genug. Er hat sogar ein Buch in der Hand. Alle Wetter: in Goldschnitt! Ein Bundesgenosse für Dich, — es können nur Verse sein!

Erhardt (beleidigt und empört): Mach keine Witze! Eine neue Skatkarte. Wollen wir?

Sommerstrophe.

Wol in der hellen Sonnen
Hab ich das Feld gewonnen,
Heiß war der Erntetag;
Es brannten alle Farben,
Da zwischen zweien Garben
Das Glück mir in den Armen lag.

Dame Glück.

Nackt mit offenen Armen stand
Einen Augenblick das Glück
Dicht vor mir.

Ei, was eine schöne Brust,
Weiche Brust, volle Brust
Hat die Dame Glück, es sind
Rosenknospen zweie drauf:
Wunderschön!

Und wie küßt die Dame Glück!
Heißer Kuß, drängender Kuß,
Und man macht die Augen zu,
Küßt das Glück.

Auf die Schultern legte sie mir
Ihrer Arme süße Last,
Weiche Last, warme Last,
Während sie mich küßte, lind.
Ach, was bist du wunderhold,
Dame Glück.

Und ich that die Augen auf,
Wollte tief ihr einmal sehn
In das sonnige Augenpaar, —
Ach, ach, ach —:

Ausgeloschen war das Licht,
Leere Höhlen grinsten mich an,
Eine dürre Vettel stand
Dicht vor mir.

Rippenhart die runzlige Brust,
Lippenlos ein geifernder Mund,
Spitz der Arm und knöcherig.

Pfui, Madame! Ist das ein Scherz,
Ist er nicht nach meinem Geschmack.
Als Verwandlungskünstlerin
Haben Sie vielleicht Erfolg
Im Théâtre variété,
Nicht bei mir.

Und die Dame drehte sich
Langsam um und ging hinaus,
Durch die andre Thüre kam
Meine Frau herein. — Ich Thor!
Mir geschieht ganz recht: Warum
Gab ich mich mit Weibern ab.
Künftig will ich treuer sein!

Von Liebe und Ehe.

Erste Schütte.

Sich einen Rausch an der Liebe trinken, in scharlach-roten Nebeln taumeln, die Welt mit bunten Rändern sehen, früh schon beim Waschen die eingeseiften Hände zum Himmel aufheben und stammeln: Gott, Gott, Gott! — Diese brausende Ouverture leitet, wie billig, nicht selten Tragödien ein.

⚜

⚜ Jede richtige Liebe muß einmal heimlich gewesen sein, zum mindesten muß sie heimlich gethan haben. Geheimnisse binden. Scheue, grüßende Blicke sind süßer als alle öffentlichen Umarmungen; auch sagen sie viel mehr, als zärtliche Beteuerungen. Das Mädchen, das sich vor heimlicher Liebe scheut, mag sehr respektabel sein, aber sie paßt höchstens für einen Predigtamtskandidaten, und auch unter diesen giebt es Leute, die herzhafter denken.

⚜

⚜ „Das ewig Weibliche zieht uns hinan." — Thut doch nicht Alle, als ob ihr Fauste wärt!

⚜

⚜ Den Glücklichen schenkt der Herr die Liebe im Schlafe. Sie betteln nicht und drohen nicht, und Hannchen und

11*

Mariechen lieben sie doch. Es ist aber zweifelhaft, ob sie zu beneiden sind, diese erotischen Rentiers.

Wer alle Götter mobilisiert um ein Weib, an dem rächen sich später häufig alle Götter.

Vernunftehen sind recht häufig das Unvernünftigste, das einer auf diesem Gebiete leisten kann. Nicht jeder hat das Zeug zum Vernunftehemann. Es gehören dazu Menschen von ganz besonderer Art, und wo auch nur eine Spur von Sentimentalität vorhanden ist, da fehlt es schon am Wesentlichen dazu. Die Geschäftsleute des Herzens sind, wenigstens in Deutschland, keineswegs so häufig, wie man denkt. Aber, wie es viel mehr Leute giebt, die ohne Talent und Beruf an der Börse spielen, als solche, die dazu die nötigen Eigenschaften haben, so gehen auch viel mehr Leute Berufsehen ein, als dazu geschaffen sind. Diese improvisierte Vernünftigkeit ist der sträflichste Leichtsinn von allen, und es ist fast unbegreiflich, daß der stärkste Instinkt des Menschen durch die Kultur in so vielen Fällen so unsicher gemacht werden konnte.

Ein junger Mann lebte in wilder Ehe. Ei, ei, dachte sich die Gesellschaft, fand ihn sehr interessant und lud ihn fleißig ein. Da fiel es dem jungen Manne auf's Herz, daß er die Moral der Gesellschaft beleidigte, und er hielt es für nötig, seinen Fehler wieder gut zu machen: That einen Frack an, eine weiße Binde um und ging aufs Standesamt. Von diesem Tage an lud ihn die Gesellschaft nicht mehr ein. Er war jetzt „so einer", der „so eine" geheiratet hatte. Da wurde der junge Mann an Moral und Gesellschaft irre und schimpfte sehr. Er hätte lieber billig denken und es der Gesellschaft nachfühlen sollen, wie sie, die nicht vom Moralischen, sondern vom Interessanten lebt, es natürlich übel empfinden muß, wenn ein „interessanter" Mensch sich uninteressant macht.

Viele Frauen haben zwar nicht den Mut zum Ehebruch, aber einen Eheknacks riskieren sie mit Grazie.

Das Hochzeitsreisepaar.

Die Eheringe glänzen
Mit feuerigem Schein,
Es ist kein einziger Kritzer dran;
Sie sagt: „Mein Herz! Mein Schatz!" — Man kann
Gar nicht verliebter sein.

Auf seine Schulter legt sie
Den Kopf mit Lindigkeit;
Ach, könnte man küssen im Coupé!
Indem ich aus dem Fenster seh
Schaff ich Gelegenheit.

Sie essen und sie trinken;
Wie füttert sie ihn zart!
Wer Augen hat zu sehn, der sieht:
Die Liebe stärkt den Appetit.
Dann wischt sie ihm den Bart.

Zu sagen hat sie ihm sehr viel,
Thut höchst geheimnisvoll.
Sie tuschelt's leise ihm ins Ohr
Und hält auch noch die Hand davor,
Weil's niemand hören soll.

Es muß nicht von fataler Art,
Was sie ihm kündet, sein;
Im Gegenteil, mir scheint, es thut
Dem Braven wundersüße gut
Und geht ihm lieblich ein.

Wie Butter in der Sonne glänzt,
So glänzt sein Angesicht;
Kein Zweifel, er ist sehr beglückt,
Mein Gott, wie er sie an sich drückt!
Unmensch, zerbrich sie nicht!

Im ganzen muß ich sagen: mir
Scheint's etwas deplaziert,
Daß man mir einfach vis-à-vis
So ungemeine Sympathie
Ganz offen produziert.

Mir scheint, es wäre angebracht,
Für's stille Kämmerlein
Zu sparen diese Zärtlichkeit.
Sie gehn entschieden etwas weit!
Doch will ich nicht so sein:

Die Stunden wehn, die Tage gehn,
Der kritzerlose Ring,
Wie bald wird er zerschunden sein!
Und viel vergeht mit seinem Schein,
Du sehr verliebtes Ding!

Denn eine Hochzeitsreise ist
Die Ehe wirklich nicht.
Da wird der Anschluß oft verpaßt,
Und manche überschwere Last
Macht, daß die Achse bricht.

Drum, junge Frau und junger Mann,
Drückt, küßt euch ohne Zwang!
Geh's euch so gut, wie mir es geht,
Bis daß der Wagen stille steht,
Die ganze Ehe lang.

Einem schönen Mädchen unter sein Bildnis.

Wo sah ich das doch schon einmal!
Dies zart und liebliche Oval,
Die großen Augen tief und klar,
Dies bogenfeine Lippenpaar
Und diesen Strudel Lockenhaar!

Wo, wo! Und plötzlich seh ichs licht:
In Form und Farben ein Gedicht,
Das Botticellis teure Hand
Gedichtet auf die Leinewand.

Stand lange in Florenz davor,
Mich ganz in Schauens Lust verlor,
Andächtig zu der klaren Kraft,
Die uns in Schönheit Tröstung schafft.

Denn aller Schönheit höchste Huld
Ist Trost und Stille und Geduld.
Wer recht zu sehen weiß, der spürt
Sein Herz von Schwingen angerührt,
Die himmelher und heilig sind.
Ihr Wesen ist so lieb und lind
Wie Mutteratem über der Wiegen;
Du fühlst Dich eingebettet liegen,
Liebeingefriedet wie ein Kind.

Dem Meister, der so hohes gab,
Legt Dankbarkeit den Kranz aufs Grab;
Der Schönheit, die ins Leben blüht,
Naht sich mit Wünschen das Gemüt:

Sei nicht bloß Schenkerin —: Beschenkte auch!
Im eignen Innern wohne Dir der Hauch,
Den Schönheit atmet: Friede sei Dein Teil!
Du lieb Gesicht, halt Deine Seele heil!

Von Rosen und weisen Männern.

Leute giebt's, mit langen grauen Bärten,
Dicke Brillen auf den breiten Nasen;
Feierlich, mit ungemeiner Würde
Klagen sie, die Erde sei vom Uebel.
Glaube nicht sothanen Klagemännern!

Allerdings, nicht immer blühen Rosen,
Und zuweilen stechen Dich die Dornen.
Aber, und dies Aber sei gepriesen,
Wo ein Dorn Dich sticht, da darfst Du hoffen:
Bald schwebt eine Rose hier im Winde.

Eine Rose, hundert, tausend Rosen,
Und die harten Dornen sind vergessen:
Kleine Mädchen tanzen um die Büsche,
Ihre Seelen wissen nichts von Dornen.

Dumm sind diese lieben kleinen Mädchen,
Und Du Griesebart bist viel gescheidter;
Tief muß meinen Hut ich vor Dir ziehen,
Denn Du bist in Dornen sehr beschlagen.

Aber, wenn im Wind die Rosen schweben
Und im Tanz die lieben kleinen Mädchen,
Dann, mein sehr gescheidter Mann im Barte,
Drücke Dich, geh, mach Dich in die Büsche.

Denn, verzeihe, wenn die Rosen blühen
Und die lieben kleinen Mädchen tanzen,
Ist die Dornenweisheit überflüssig.
Wenigstens für uns. Du selber kannst ja
Eine Dissertation im Busche
Oder meinetwegen zweie schreiben.

Von Liebe und Ehe.

Zweite Schütte.

Was wissen denn die Leute von Liebe, die noch von „verzeihen" reden?! Liebe nimmt hin.

Wer Phantasie hat und schnell suggestibel ist, legt oft in ganz gewöhnliche Gemälde einen großen Sinn und reiche Bedeutsamkeit. Man mag ihn um dieser Gabe willen glücklich schätzen, falls er sich nicht etwa verleiten läßt, die schlechten Bilder zu kaufen. Wehe, wenn sie in seinen Zimmern hängen! Wehe, wenn er sie an Tagen sehen muß, wo seine Phantasie müde und seine Seele nicht suggestibel ist! Aerger ist sein Teil. Aber immerhin: er kann sie, wenn auch mit Verlust, wieder verkaufen, oder, wenn sie niemand kaufen will, kann er sie seiner Waschfrau schenken.

Aber: wenn einem so was mit einer Frau passiert?! Ernüchterte Phantasie ist kein Scheidungsgrund ... Das giebt die schauderhaftesten Ehen, wenn nicht an Stelle der phantasiegeschauten Qualitäten andere, reale an den Tag kommen. Zuweilen beschwichtigt der Magen das enttäuschte Herz, und schon mancher hat schließlich mit einer guten Köchin fürlieb genommen, der vorher eine Psyche träumte.

Die meisten jungen Mädchen lesen Liebeslyrik wie Liebes=
briefe, die an sie gerichtet sind, und, da es bei Liebesbriefen
nicht auf den Stil, sondern auf das Gefühl ankommt,
sehen sie bei Liebesgedichten nicht so sehr auf die Kunst,
als auf den Schwung. Mit dieser merkwürdigen Manier
der jungen Mädchen, Liebeslyrik zu lesen, hängt es übrigens
zusammen, daß ein Lyriker an Wirkung auf ledige junge
Damen einbüßt, sobald es ruchbar wird, daß er verheiratet
ist oder keinen Schnurrbart hat. Daß Goethe ein so schöner
Mann und so lange unverheiratet gewesen ist, hat bei seinen
Lebzeiten stark zu seiner Beliebtheit bei den jungen Mädchen
beigetragen. — Uebrigens ist das ein Beitrag zum Kapitel
der angewandten Kunst.

Ein gewisses Maß von Naturverkümmerung ist die
notwendige Voraussetzung zur Kultur. Ein gewisses Maß
von Persönlichkeitsverkümmerung ist die notwendige Vor=
aussetzung zur Ehe. Damit ist aber weder etwas gegen
die Kultur, noch gegen die Ehe gesagt.

Es giebt recht viele Ehepaare, die ihr Verhältnis kurz
in den Satz zusammenfassen können: Wir können uns
nicht leiden, aber von einander lassen können wir auch nicht.

Wie es einen gewissen geistreichen Stil giebt, der eigentlich
nur aus Antithesen besteht, so giebt es auch gewisse geist=

reiche Ehen, die nichts sind, als eine unausgesetzte Plänkelei, ein fortwährendes Herüber= und Hinüber=Sticheln, wenn nicht gar Stechen. Beides, der Stil und die Ehe, mag für die Leute, die es machen oder sich gefallen lassen, amüsant sein; für die übrige Menschheit hört das Amüsement beim Lesen oder Zuschauen bald auf.

Wenn ein Bräutigam von der Klugheit seiner Braut allzuhitzig schwärmt, so ist Anlaß dazu vorhanden, ihr als Hochzeitsgeschenk einen Pantoffel zu verehren.

Im Wirbel fort.

Moosgrün aus Sammt ein Band im blonden Haar,
Ein Färblein rosarot dazwischen war,
Das ganze Kind war ganze sechzehn Jahr,
Und es war Mai.

So kams, daß uns mit Strahlen flitterfein
Umfädelte der sanfte Sonnenschein,
Die Knospe sprang, ach Gott, es war im Mai'n;
Die Knospe sprang.

Ich hätte gern in Treuen sie gehegt,
Ich hätte gern sie mir ans Herz gelegt,
Da hat ein Wind sie wirbelnd weggefegt.
Wem blüht sie nun?

Waldvögel.

Ein wohlbestelltes Mieder,
Die Backen rot gesund,
Den Schnabel voller Lieder
Und vorn und hinten rund.

Zwei Augen glutend blaue
Und eine kleine Hand,
Wohl mir, waldwilde Fraue,
Daß ich dich einsten fand.

Es war im tiefen Walde
Und Sommers war die Zeit,
In einem Wipfel balde
Nesthockten wir zu zweit.

Und niemand hat gesehen
Das sondre Vogelpaar,
Das hoch im Windewehen
Vor Glücke schwindlig war.

Geflüster im Gange.

Wer . . . Still, ich; geh nicht vorbei . . .
Laß mich . . . Mädel! . . . Laß mich frei . . .
Du, Du schreist, so sei doch still . . .
Laß mich, wenn ich doch nicht will . . .
Komm, komm mit . . . Nein doch, ach, nein . . .
Wirst Du wohl gleich stille sein? . . .
Pst, die Thüre ging, wenn wer . . .
Komm doch, Mädel, komm doch her!
Einen Kuß bloß, — oh, Du, Du!
Und nun leise, aus die Schuh . ! .

Nein, ach . . . So, jetzt trag ich Dich,
Du mein Kätzchen Leiseschlich.

Heißes Atmen, Küsse, Stille.
Stets geschieht des Kleinen Wille.

Der jungen Hexe Lied.

Als nachts ich überm Gebirge ritt,
Rack, schack, schacke mein Pferdchen,
Da ritt ein seltsam Klingeln mit,
Kling, ling, klingelalei.

Es war ein schmeichlerisch bittend Getön,
Es war wie Kinderstimmen schön.

Mir wars, ich streichelt' ein lindes Haar,
Mir war so weh und wunderbar.

Da schwand das Klingeln mit einemmal,
Ich sah hinunter ins tiefe Thal.

Da sah ich Licht in meinem Haus,
Rack, schack, schacke mein Pferdchen,
Mein Bübchen sah nach der Mutter aus,
Kling, ling, klingelalei.

Von Liebe und Ehe.
Dritte Schütte.

Ein Mann, der mit süß lächelndem Gesichte Strümpfe stopft, während seine Frau mit dröhnender Stimme politisch oder philosophisch räsonniert, ist kein ganz erquicklicher Anblick. Darüber sind Männer und Frauen einig. Ist aber der Anblick der politisch oder philosophisch räsonnierenden Frau erquicklicher? Das muß man schon fragen, denn es herrscht leider keine Einigkeit darüber, daß es abscheulich ist, wenn Frauen — räsonnieren.

Lieber eine Frau, die für ihren Mann betet, als die mit ihrem Mann über Fragen der Philosophie und Religion streitet. Unterhalten kann man sich ja auch darüber.

Ob es vorkommt, daß aus Romeo und Julie Philemon und Baucis wird? Bei Gott sind alle Dinge möglich. Aber, daß es nicht häufig vorkommt, ist sicher. Denn es giebt wenig Menschen von so durchgehend harmonischer Anlage, daß sie in allen Altersstufen die gleiche Fähigkeit besäßen, das besondere Glück zu genießen, das jedem Alter beschieden ist. Der Eine erschöpft seine Gnadengaben im Jünglingsalter, der Andere genießt sich ganz nur als reifer Mann, jener ist nur für das Glück des Herbstes gemacht,

dieſer erfährt erſt im Winter die Fülle reinen Lebens=
gefühles. Und daß nun gleich zwei ſo Auserleſene ſich
zuſammenfinden ſollen, und nun gar als Mann und Weib,
die einander reizen, — das iſt wohl eine der ſeltenſten Gnaden.

AA Als die ſchlechten Komödienſchreiber noch unumſchränkt
die deutſche Bühne beherrſchten, da wimmelte es, Traveſtieen
der Parodieen im Leben, von krampfhaft neckiſchen Imita=
tionen ihrer falſch naiven Backfiſche. Als dieſe lebendigen
Kopieen Ehefrauen wurden, eroberte ſich, mit Nora als
Vorpoſten, das „moderne Weib“ die Bühne, und nun,
horreur, verwandelte ſich die Blumenthal=Naive in das
Ibſen=Weib. Ein grauſamer Schlagſchatten der modernen
Litteraturentwickelung auf die moderne Ehe. Aber die
Märtyrer dieſer Uebergangszeit ſind die mit Kopieen be=
hafteten Ehemänner, denn die Kopieen ſelber fühlen ſich
ganz heroiſch wohl als — Trägerinnen moderner Ideen.

AA Eine ſehr moderne Spielart iſt die pſychologiſche Ehe,
in der die Frau gewöhnlich die Rolle des Verſuchskaninchens
ſpielt. Es giebt Frauen, die ſogar dieſe Rolle gut und
mit Leidenſchaft ſpielen. Für die Pſychologie kommt
weniger dabei heraus.

AA Die Ehe iſt eigentlich ein eminent chriſtliches Exerzitium,
denn ſie bedeutet den intimſten permanenten Altruismus;

es wäre gar nicht verwunderlich, wenn sie erst vom Christentum erfunden worden wäre. Statt dessen erfand die Hauptkirche der Christenheit die Ehelosigkeit für den Priesterstand. Wie paradox! Aber das Paradoxe wirkt oft gewaltiger als das Logische, und jener Papst hat sich nicht getäuscht: Nichts macht den katholischen Priester in den Augen der Menge so sehr zum Menschen von besonderer Ordnung, wie seine Ehelosigkeit. Denn die Menge bewundert nicht das Logische, sondern das Paradoxe. Der Pöbel ist viel schwerer in ein Museum von Idealgestalten der Kunst zu bringen, als in eine Jahrmarktsbude, wo sich kuriose Verkrüppelungen präsentieren.

&& Es lebe Eva, die vom Apfel aß! Nur dieser Apfelspeise verdanken wir es, daß wir da sind. Wäre die genäschige Urmutter brav geblieben, so wäre sie niemals Mutter geworden. Denn ihre Strafe war es ja, daß sie nun gebären mußte. Das ist die Art, wie Götter strafen, — selbst ihre Strafe ist Gnade. — Wer das Leben liebt, sollte einen Apfel nie ohne Andacht und Dankbarkeit verzehren. && Uebrigens ist die Mutmaßung erlaubt, daß es sich bei dieser paradiesischen Apfelsache nur um eine Intelligenzprobe gehandelt hat, die der Herr des Paradieses durchaus in der Hoffnung angestellt hat, sie möge so bestanden werden, wie sie dann auch wirklich gottlob bestanden worden ist.

Sub rosa Veneris.

I.

Die Sonne liegt auf goldenem Kies:
Der Weg da führt ins Paradies.

Rund, bunt, ein Pfauenrad, das Thor:
Zwei nackte Evas stehn davor.

Leg Schuh und Kleider in den Sand:
Geh nackt in das gelobte Land.

Nun lastet kein Gesetz dir schwer:
Du warst ein Christ, jetzt bist du mehr.

Vier Arme winken dir, geh ein:
Ein Gott und Heide wirst du sein.

II.

Heimlich, auf Diebes=Sohlen,
Bist du, ein Sklave, geschlichen,
Der Lust Brosamen zu stehlen;
Pfui, du hast dich gefürchtet.

Nun gehst du nackt in der Sonne
Und nimmst dir die Lust als dein Eigen,
Den runden, goldenen Apfel vom Paradiesesbaume.

Wo ist der Engel mit dem Flammenschwerte?

Küsse die saftige Frucht andächtig, vor du sie issest,
Küß deine Hand, die sie nahm und den Engel vertrieb.

III.

Bist du lange blind gewesen,
Darfst du nun die Schönheit sehn,
Ganz und gar bist du genesen, —
Denn du lerntest, nackt zu gehn.

Keine Hüllen, Fesseln, Binden,
Und zur Sonne hast du Mut,
Was dich lüstet, wirst du finden:
Denn du bist dir selber gut.

Bist ein Beter du gewesen,
Wirst du Gott nun selber sein,
Ganz und gar bist du genesen:
Denn du bist nicht mehr gemein.

IV.

Wenn der Frühling kam, kam dich die Sehnsucht an;
Du genossest ihn nicht, du erschauertest, ihm:
Nun bist du Blühens ein Teil.

Nun ist dir die glänzende Knospe verwandt
Und der triefende Saft und das schwangere Glück:
Nun kennst du die Sehnsucht nicht mehr.

Angelus Silesius redivivus.

Ein kleines Buch, auf holländisches Büttenpapier gedruckt, mit einem grünen Deckel von der Art der Forstakten, und darauf steht: „Angelus Silesius, von Otto Erich Hartleben. Dresden, bei Georg Bondi, 1896." Wie ich es das erste Mal vor mir liegen sah, war ich verblüfft. Ich kannte von Hartlebens theologischen Beziehungen nur den „gastfreien Pastor", und der war doch wenigstens protestantisch gewesen. Will er uns mystisch kommen! dacht' ich mir. Ist er katholisch geworden, der Historiker jener Lore mit dem abgerissenen Knopfe! Oder sollte er sich gar auf die Litteraturgeschichte geworfen haben!

Ich habe mich ohne Ursache geängstigt. Hartleben ist nicht unter die Mystiker gegangen, die protestantische Kirche erfreut sich noch immer seiner Mitgliedschaft, und das kleine grüne Buch zeigt nicht den Litteraturhistoriker, sondern den Dichter.

Es ist ein sehr knapper Auszug aus des Angelus Silesius „Cherubinischem Wandersmann oder Geist-Reiche-Sinn- und Schlußreime", der im Jahre 1657 erschienen ist und von dem sonst wohl nur katholische Litteraturforscher noch

Notiz nehmen. Wie in aller Welt kommt Hartleben auf dieses fromme Buch? Liest er in seinen Mußestunden Erbauungsschriften? Sah man ihn je in der königlichen Bibliothek zu Berlin? Es kann's ihm keiner nachsagen.

Er macht auch nicht den mindesten Versuch, sich bei den Zeitgenossen in den Geruch eines frommen und gelehrten Mannes zu setzen, er gesteht mit löblicher Ehrlichkeit, daß er zum Angelus Silesius gekommen sei, „wie die Königssöhne im deutschen Märchen, die irgendwo im tiefen Walde einen Eremiten trafen und von diesem die Kunde verschollener Dinge vernahmen".

Hartlebens Eremit heißt Sor Rodolfo, komponiert (aber nur für die Nachwelt) geistliche Vokalmusik, läßt bei einem Wiener Schneider arbeiten, wohnt in einer Villa am Albanergebirge, oberhalb Frascatis, und liebt es, manchmal plötzlich bei Nacht durch die Campagna nach Rom zu fahren. Dort, so scheint es, giebt er sich Beschäftigungen hin, die mit seiner Eremiteneigenschaft nicht im vollen Einklang stehen. Wenn mich nicht alles täuscht, kennt er die römischen Weine und Mädchen nicht weniger gut als die Alexandriner des Angelus Silesius, mit denen er Hartleben bekannt gemacht hat. Ein recht erbaulicher Einsiedelmann alles in allem, und seine geistliche Vokalmusik wird sehr katholisch sein müssen, wenn ihn Rom einmal kanonisieren soll.

Wir aber haben alle Ursache, ihm dankbar zu sein, denn es ist, wenn auch vielleicht nicht im Sinne der katholischen Kirche, ein gutes Werk gewesen, daß er dem Weltmenschen

Hartleben den Geschmack an der heiligen und holden In-
brunst der schönen Verse des Angelus Silesius geweckt hat.
Wir wären vermutlich ohne diese glückliche Fügung niemals dazu gekommen, uns an diesen Sprüchen voll wunder-
samer Tiefe und rechter Seligkeit zu erfreuen. Hartleben
fürchtet, von Sor Rodolfo mit schrecklichen Flüchen für
die Verweltlichung des Cherubinischen Wandersmannes
empfangen zu werden, wenn er ihn wieder in seiner Klause
aufsucht. Er nehme sie mit der Gelassenheit, die seiner
schönen Seele schönste Eigenschaft ist, ruhig hin in dem
Bewußtsein, daß unser Dank für diese That nicht minder
lebhaft ist, als der katholische Zorn Sor Rodolfos.

Angelus Silesius, der, wie er noch Protestant und bloß
Mediziner war, Johannes Scheffler hieß, muß ein nicht
minder merkwürdiger Mensch gewesen sein, wie der Eremit
oberhalb Frascatis. Philosophiae et Medicinae Doctor,
Archiater et Physicus olsnensis, trat er 1653, als Neun-
undzwanzigjähriger, zum Katholicismus über und acht Jahre
später in den Orden der Franziskaner, wobei er indes die
gelindere Observanz der Minoriten wählte. Seine ehe-
malige lutherische Konfession hat er böse angegriffen und
ist dafür von den Lutheranern nicht minder böse angefallen
worden. In einer 1664 erschienenen Schmähschrift wider
ihn: „Wohlverdientes Kapitel" sehen wir ihn als Wander-
krämer mit einem Hausiererkasten voll allerlei katholischem
Geräte, Rosenkranzketten, Weihwedeln, Gebetbüchern und
ähnlichem, abgebildet. Es ist ein großer Mann mit

einem sehr kleinen Kopfe, dessen Züge etwas eckiges haben. In der rechten Hand trägt er ein Paket Flugschriften mit der Aufschrift: „Neuge Zeitung. Eitel Lügen." Aber trotz ihres Zornes auf den Konvertiten haben die Lutheraner es nicht zu verhindern vermocht, daß zwei seiner Lieder („Mir nach! spricht Christus, unser Held!" und: Liebe, die du mich zum Bilde") in ihr Gesangbuch übergegangen sind. Im Gegensatz dazu sind seine Meinungen, wie er sie eben in jenen Sinn= und Schlußreimen niedergelegt hat, in die Lehrmeinung der katholischen Kirche nicht übergegangen, wie denn Hartleben Beispiele dafür anführt, daß Anschauungen, die Angelus Silesius in Versen ungehindert ausgesprochen hat, in der Prosafassung des Michael Molinos verdammt worden sind. Wieder ein Beweis dafür, wie gefährlich im Grunde alles Verswesen ist. Die Prosa, den Kloß, kann man leichtlich packen und in Stücken hauen, aber der Vers ist wie der singende Vogel in der Luft; man kann wohl Vogelscheuchen wider ihn errichten, aber wer seinen Gesang einmal gehört hat, vergißt ihn kaum, ob auch die Scheuchmühle rasselt. Von den Versen des Angelus Silesius haften viele schnell und fest, wenn man sie gelesen. Ich setze ein paar her:

Die Sonn' erregt das All,
Macht alle Sterne tanzen —
Wirst Du nicht auch bewegt,
Gehörst Du nicht zum Ganzen.

Blüh auf, gefrorner Chriſt,
  Der Mai iſt für der Thür;
Du bleibeſt ewig tot,
  Blühſt Du nicht jetzt und hier.

❁

Nichts iſt, das Dich bewegt —
  Du ſelber biſt das Rad,
Das aus ſich ſelbſten läuft
  Und keine Ruhe hat.

Dieſes Bild findet ſich bekanntlich bei Friedrich Nietzſche
wieder. Ich bin nicht Nietzſche-kundig genug, um zu wiſſen,
ob es übernommen oder aus Nietzſche ſelbſten gelaufen iſt.

Die Roſe, welche hier
  Dein äußres Auge ſieht,
Die hat von Ewigkeit
  In Gott alſo geblüht.

❁

Gott iſt ein lauter Nichts,
  Ihn rührt kein Nun noch Hier.
Je mehr Du nach ihm greifſt —
  Je mehr entwird er Dir.

❁

Gott hat ſich nie bemüht,
  Auch nie geruht, das merk' —
Sein Wirken iſt ſein Ruhn,
  Und ſeine Ruh ſein Werk.

❁

Ein Herze, das zu Grund
    Gott still ist, wie er will,
Wird gern von ihm berührt —
    Es ist sein Lautenspiel.

Nichts anders stürzet Dich
    In Höllenschlund hinein,
Als das verhaßte Wort —
    Merks wohl! — das Mein und Dein.

Niemand hat seinen Stand
    So hoch und groß gemacht,
Als eine Seel', die ihr
    Gemüt in Ruh gebracht.

Die Einsamkeit ist not,
    Doch sei nur nicht gemein,
So kannst Du überall
    In einer Wüsten sein.

Ein Narr ist viel bemüht, —
    Des Weisen ganzes Thun,
Das zehnmal edler ist,
    Heißt lieben, schauen, ruhn.

Entbilde Dich, mein Kind,
  So wirst Du Gotte gleich,
Und bist in aller Ruh
  Dir selbst Dein Himmelreich.

Ach, lauf doch nicht nach Witz
  Und Weisheit übers Meer —
Der Seelen Würdigkeit
  Kommt bloß von Liebe her.

Die Braut verdient sich mehr
  Mit einem Kuß um Gott,
Als alle Mietlinge
  Mit Arbeit bis in Tod.

Die Ros' ist ohn' Warum,
  Sie blühet, weil sie blühet;
Sie acht' nicht ihrer selbst,
  Fragt nicht, ob man sie siehet.

Wirf das Gebündle weg;
  Wer streiten soll und kriegen,
Dem muß kein Sack voll Geld
  Auf seinen Achseln liegen.

Das edelste Gebet
　　Ist, wenn der Beter sich
In das, vor dem er kniet,
　　Verwandelt inniglich.

Die Liebe, wenn sie neu,
　　Braust wie ein junger Wein:
Je mehr sie alt und klar,
　　Je stiller wird sie sein.

Was ist das nun alles? Mystik? Katholicismus? Christentum? Weltweisheit? Quietismus?

Von allem ein wenig, aber ganz und gar ist es eines: Poesie. Man fühlt, daß ein Begnadeter spricht, einer, dem plötzlich Herz und Hirn hell wird von einer Eingebung, die in Versen voll klarer Kunst ausgegeben wird. Es ist, wie bei Nietzsche, uns ganz gleich, ob auf Seite zehn der Seite zwei widersprochen wird, — wir haben das wunderbare Schauspiel eines inspirierten Menschen vor uns, der zugleich ein Künstler ist.

Was gerade uns Heutige daran so anzieht, ist das Unzeitgemäße, die Stille dieser überleuchteten Seele, die Einfalt dieser Kunst. Um uns Getrappel, Gestampf und gierige Wut nach allen möglichen Zielen, ein Lärm und Hasten im Leben wie in der Kunst, — und da die Klosterzelle, in die durch einen buschigen Baum grünmildes Sonnenlicht fällt.

Mystik! Christentum! Quietismus! Nenne mans, wie mans mag, — es ist für uns der gelinde Glanz aus einer Tiefe, in der mehr Trost und Segen ist, als in all' unserer klaren Höhe, wie wir ja wohl gerne sagen.

Ich muß gestehen, daß mir die Verse des Angelus Silesius eine künstlerische und seelische Berührung von größerer Kraft und Wärme gewesen sind, als seit Langem irgend eine „moderne" Kunst- und Gefühlsoffenbarung. Vielleicht bin ich, wie unsere Exakten sagen, besonders prädisponiert für so was. Mag sein. Aber ich hege die Vermutung, daß es vielen so gehen wird wie mir. Diese auf Hartlebens schöne Veröffentlichung hinzuweisen, habe ich diese Zeilen geschrieben.

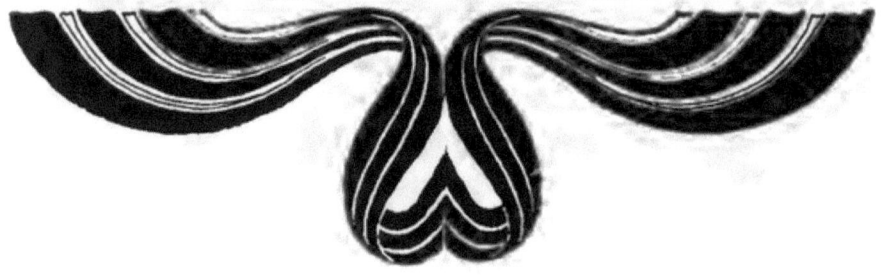

Spätsommer.

Wenn das Gras der grünen Wiesen
Zeitig ist zur großen Mahd,
Wenn der Sommer seine Sense
Singen läßt durch reife Saat:

Dann soll Deine Seele Sonne,
Kraft und Frucht und Ernte sein:
Schneide ruhig Deine Aehren,
Führe Deine Garben ein!

Kurzes Gespräch.

Er

Ach, die Welt ist hundetölig!
Nur wer seicht ist, ist heut fröhlich,
Wer da ernst ist, ist ergrimmt.

Ich

So bekenn ich mich zur Seichte;
Nimm Du's schwer, ich nehm es leichte,
Und Du weißt ja: „Wie man's nimmt".

Gingst Du zu den Grundsatzlosen?
Macht Dich gar nichts wütend mehr?

O Freund, ich gehe zu den Rosen;
Rosen, die erfreu'n mich sehr.

O Rosen statt der Ideale!!!
Lüstling ohne Grund und Stand!
Und der Zukunft Feuermale!!
Ahnst Du nicht den Weltenbrand!!

O Rosen statt der Ideale!
Schönheit, die mir sichtbar blüht!
Und in mir die Feuermale!
Eine Welt, die mir erglüht!

Stiller Gang.

Stille geh ich meinen Gang,
Wiesen, Wälder, Felder lang.
Was ich höre, was ich sehe,
Daß mir nichts vorüber wehe,
Fasse ich's in Verse ein,
Und die ganze Welt wird mein.
Sind wohl unscheinbare Dinge;
Mancher achtet sie geringe,
Und ein Nabob wird man nicht,
Fängt man solche Schmetterlinge.
Aber manches wird Gedicht.

Ist nicht mehr wie Blumen pflücken,
Linde sich ins Grüne bücken,
Ist nicht mehr als wie ein Lauschen,
Grüße mit den Vögeln tauschen,
Ist nichts, als bescheiden sein
Mit der Schönheit, mit dem Schein.

Und ist dennoch tiefe Labe,
Dauernde und reiche Habe:

Wer die Schönheit sich erfaßt,
Schenkt der Welt den Rest mit Lachen,
All die plumpen Siebensachen,
Hat die Götter selbst zu Gast.

Inhaltsreihenfolge.

Der Bunte Vogel von 1899
wurde nach Angaben des Ver=
faſſers und im Auftrage der
Firma Schuſter & Loeffler in
Berlin und Leipzig bei Otto
v. Holten in Berlin gedruckt im
November und Dezember 1898.

Druck: Otto v. Holten, Berlin C.